ちょっとしたことでうまくいく

発達障害の人が上手に親の介護をするための本

村上由美 著

SE
SHOEISHA

はじめに

2019年12月に『ちょっとしたことでうまくいく　発達障害の人が上手にお金と付き合うための本』（翔泳社）を出した直後、大晦日に父が大動脈解離で倒れ、私の介護生活が本格的に始まりました。

その後の新型コロナウイルスの感染拡大で日常生活が大きく変わりつつある最中の2020年3月に父が亡くなり、それと入れ替わるように今度は母の足腰が弱り始めました。そのまま介護と仕事と家事に追われる日々が今も続き、何となくですが絶えず頭の片隅に介護がチラついています。

ところで、多くの人は親の入院といったはっきりしたきっかけがあって介護が始まると考えているかもしれません。しかし、多くの介護経験者の体験記を読むと、本人も家族も知らないうちに介護は何となくスタートしています。それは、「介護」という言葉でイメージされがちな身体介護以外にも、家庭での見守りや外出の付き添いなど、介護を知らない人からすれば「一緒にいるだけ」「家事の手伝い」と思われがちなことも介護に含まれるからです。

私自身この本を書くに当たって改めて記録を確認したら、なんと2012年4月頃に母から、「今後に備えて家を片付けたいから手伝ってほしい」と頼まれており、なんだかんだで10年以上介護をしていることにやっと気付いたという、我ながら驚くような状況でした。

言語聴覚士という介護と密接に関わる分野であるリハビリ関係の仕事をしている私でもこうなのですから、おそらく何となく介護を始め、訳もわからぬままヘトヘトになる方もたくさんいることと思います。

発達障害の当事者としては、自分のことに加えて親の介護なんてとてもとても……と思うかもしれません。しかし、あくまでも私の経験ではありますが、発達障害支援と介護には多くの類似点・共通点があります。実際介護を始めてみて、発達障害の当事者としての生活における試行錯誤や支援者としての経験がこんなに活用できるとは想像だにしませんでした。

本書では発達障害の人が親の介護を進める上で直面するであろう出来事について、具体的な家族や介護支援者への対応、生活面の工夫を盛り込みました。ぜひ実践できることから取り入れてみてください。

第3章 介護スタート時の困ったを何とかしたい！

——介護開始前後～親が倒れたときのこと

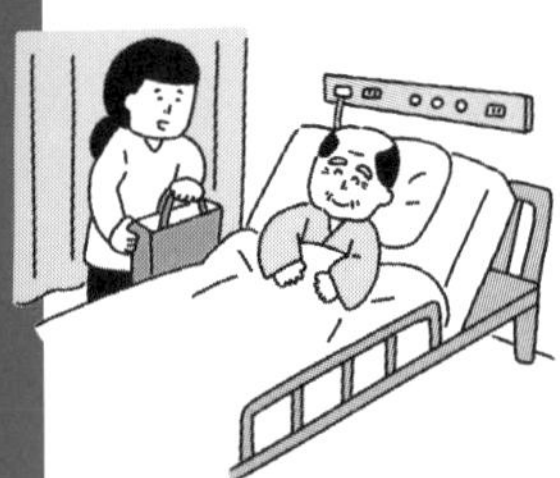

第4章 介護に伴うコミュニケーションの困ったを何とかしたい！ ——親・親族・ケアマネジャーとの関係

第5章 介護を続ける上での困ったを何とかしたい！
——日常の諸々を改善する

第6章 自分の生活との両立をうまくやりたい！
——仕事・プライベートと介護との共存

第7章 介護終了後の困ったを何とかしたい！ ——相続・遺品整理対策

Point 1
発達障害の方が介護で直面するさまざまな悩みの事例を紹介しています。

仕事と介護で家事に手が回らない

対策
- 優先すべき事項と後回しにする事項を整理する
- 家事代行サービスなどを活用する

事例　介護疲れでヘトヘトで何もやる気が起きない

親の介護が本格的に始まって約2カ月。平日は仕事、休日は介護に追われているので、帰宅するとボーッとしてソファで眠ってしまい、気が付いたら深夜になっていることも。

以前は休日にたまった家事をしていたが、親の介護で余裕がなくなったからか、だんだん家の中が散らかってきた。

そのうち思い切って有休を取ってたまった家事を片付けたいが、何をどうしたらいいか考えるのも億劫になっている。いったいどうしたらいいのだろう。

原因　マルチタスクに対応できず、優先順位が付けられない

事例の場合、親の介護という急な対応を要する重大なタスクが割り込み、これまでできていた家事や休息をする余裕がなくなってしまった。

もちろん介護についてもケアマネジャーに相談し、他の家族とも協力して負担を減らす努力も必要だが、一般的に介護は年単位のことなので、ある程度生活にしわ寄せがくるのは避けられない。

家事は暮らしの土台となるだけに、できるだけ早く家事の内容や時間を見直し、今の生活に合う方法を検討する必要がある。

片付けなどを後回しにしがち（ADHDの人に多い）、**どれが優先すべき家事かわからない**（ASDの人に多い）、といった状況になっているのなら頭の中もごちゃごちゃして

104

Point 2
どのような原因で事例の特性が出るかを、医学的にアプローチしています。

本書の特長

Point 3
医療的なアプローチではなく、介護経験者が介護の現場に対応するために編み出したやり方を解説しています。

いる状態で、ますます動きづらくなってくるので、まずは状況を整理して具体的な行動に落とし込んでいこう。

解決法　優先すべき事項と後回しにする事項を整理する

事例の場合、疲れもたまっているから今は睡眠時間の確保など体力の回復が最重要課題だ。

まずは次ページのように**1日の中で睡眠時間の枠を取り**、そこから仕事や通勤などの時間を引いて残った時間がどれくらいあるか計算してみよう。

すると、「あれ？　思ったよりも少ない」と感じるかもしれない（ADHDの人に多い）。1日は24時間あるといっても、フルタイム勤務なら家事に回せる時間はとても少ない。

そのため、

優先すべき家事を洗い出す

105

Point 4
実際の介護体験を通して生み出した「手前」のつまずきをなくしていくためのヒントが満載です。

発達障害の種類

この本では、ＡＤＨＤ／ＡＤＤ（注意欠陥・多動性障害）、ＡＳＤ（自閉スペクトラム症）、ＬＤ（学習障害）という代表的な発達障害に絞って対策を紹介しています。

発達障害にあまり詳しくなくても、「ＡＤＨＤ」とか「アスペルガー症候群」といった言葉は聞いたことがあるかもしれません。最近、雑誌やテレビでも取り上げられることの多くなった言葉です。

発達障害にもいろいろな種類がありますが、「ＡＤＨＤ」や「アスペルガー症候群」というのは、その発達障害の種類の１つです。

ＡＤＨＤとＡＳＤ、ＡＳＤとＬＤなど、複数の発達障害の特徴が当てはまることもあります。この場合、医師から複数の発達障害の診断が下りる場合もあります。

発達障害の診断は難しく、専門医がさまざまな検査を行って慎重に判断するものです。発達障害の傾向があるからといって障害があると決められるものではなく、自己判断はもちろん、専門家以外の人間が見ても判断できるものではありません。

発達障害自体、まだまだ研究が進められている段階で、ＡＤＨＤやＡＳＤといった名称もこれから変化があるかもしれません。映画などで描かれることで知られることになった「アスペルガー症候群」についても、現在の診断ではＡＳＤの中に吸収されています。

それぞれの障害について、次ページで簡単に特徴を並べてみます。なお、これらの特徴は一般的なもので、実際には人それぞれで違いがあることを先にお断りしておきます。仮に全部の特徴に当てはまったとしてもその障害であるとは限りませんし、診断が出ている人でも当てはまらない特徴もあります。

ADHD/ADD
（注意欠陥・多動性障害）

特徴

不注意で気が散りやすく、何かを思いつくと衝動的に行動してしまいます。一方でやらなければならないことになかなか手を付けられない、先延ばし傾向も特徴の1つです。なお、ADDは多動性がない以外はADHDと同じ特徴です。

介護における特性

- 親の通院などの予定を忘れてしまいがち
- 介護保険の申請など、面倒な手続きを先延ばししてしまう
- 親宅での家事をしながらの介護といったマルチタスクが難しい
- いいと思ったら即行動するため、無駄な出費が多くなりがち

ASD
（自閉スペクトラム症）

特徴

自閉症・高機能自閉症・アスペルガー症候群などを含めた障害の総称です。PDD（広汎性発達障害）と呼ばれていたものと、ほぼ同じ意味になります。

介護における特性

- 親の状況に無関心なため、介護が必要になっても気付かない
- 自分のやり方にこだわり、状況に合わない選択をしてしまう
- 親の体調急変といった突発的な状況に慌ててしまう
- 周囲の人が言うことを字義通りに受け取り、トラブルを起こしてしまう

LD
（学習障害）

特徴

他の面では問題がないにもかかわらず、ある特定のことだけが極端に苦手になる障害です。何が苦手になるかは人によって異なります。読めなかったり書けなかったりする理由や程度はそれぞれ違いますが、「読めない」「書けない」というくくりで同じ障害として分類されています。

介護における特性

- 契約書などの複雑な表現の文章だと自分に不利な内容でも気付かない（ディスレクシア）
- 役所への届け出など細かい手続きが必要な書類作成が苦手（ディスレクシア）
- 介護に必要なお金の計算や管理が苦手（計算LD）

DCD
（発達性協調運動障害）

特徴

先に述べた3つの障害に合併しやすく、生活面で支障が出やすい発達障害です。年齢や知的発達などに比べて協調運動（複数の動作をまとめて1つの運動をすることを指す。3歳以降の日常生活動作はほぼすべて協調運動）が著しく苦手な状態です。粗大運動だと自転車に乗る、階段を昇り降りする、微細運動だとボタンをかける、箸を操作するといった動作が挙げられます。

介護における特性

- 入れ歯や補聴器といった小さな道具の操作がしづらい
- 着替えの介助といった、短時間にいくつもの手順を要する動作を手際よく行うことが苦手
- 親の状況に合わせた介助を習得するのに時間がかかる

第1章

誰もが介護を担う時代が来ている

発達障害と介護の関係

少子高齢化、介護離職防止といった介護にまつわるキーワードを耳にするが、それが何を意味しているかは意外と知られていない。発達障害の特性が介護にどう影響するのかも含め、人生100年時代を迎えた親世代の介護の概要を整理してみよう。

少子高齢化社会の到来

折に触れて仕事をしながら親を介護していることを発達障害の人に話すと、「実は私も……」とよく打ち明けられる。中には10代・20代の若者もいて、家族と交代で介護を担う少子高齢化の現状が垣間見える。

複数の成人当事者からも「働いていないからと一時期介護をさせられていた」と家族内での人手不足を理由としたケアラー体験を明かされたこともある。

しかし、若い人の場合は高齢者の言動に不慣れなこともあり、発達障害に関係なく「自分なりに頑張ったけれど、しかられてばかりだった」「相手の嫌な面が見えて憎らしくなった」と対応に苦慮することが多い。

そもそも介護は相手の状況に合わせ、ときには自分の感情を抑えながら対応する必要があるので、相手の状況や立場を推測・想像するのが苦手（ASDの人に多い）、衝動的に不適切な行動を取る（ADHDの人に多い）、といった**発達障害の特性があると、その対応はさらに難しくなる。**

そうはいっても親戚や兄弟が少ない今の日本では、親の介護は発達障害の当事者にとっても他人事ではない。

一方で、「身近に介護中の人がいないからいまひとつピンとこない」（ASDの人に多い）、「なったときに考えればいいんじゃない？」（ADHDの人に多い）と他人事に考える人もいるだろう。

一般的には介護の始まり＝倒れて入院したとき、もしくは医師から認知症の診断が出たときと考えがちだし、介護関連の本などが扱っているのもその時期からの話がほとんどだ。

しかし、筆者の経験では、実はそのようになる前から「**本格的な介護はまだ必要ないけれど、はたで見ていると何となく危なっかしい状態**」が存在する。

たとえば、

- 以前より歩くスピードが落ちた（一緒に歩くと親が遅れる）
- 高所のものを取りたがらない（「取ってくれ」と頼まれる）
- 湿布や薬、健康食品が増えた（通販なども要注意）

- 食事の際にむせることが増えた
- 前より部屋や庭が散らかっている
- 新しい電化製品の操作を覚えられない（買い替えのとき）
- その場を取り繕うような物言いが増えた

など、**以前とは異なる様子が見られるようになるのが目安**だ。しかし、家族も本人も正常化バイアスが働き、「今回はたまたまだろう」と考えてしまうため、医師の診断や倒れて入院といった、誰が見ても明らかな要介護状態になるまでそのままにしておいてしまうこともめずらしくない。

また、発達障害の特性があると、以前の状況を覚えていない（ADHDの人に多い）、状況の変化自体を気にしていない（ASDの人に多い）といったことから、介護予防サービスなどを利用するチャンスを逃しがちになる。

実は、発達相談の現場でも困っていることを当事者や家族がはっきりと認識していないことは多く、スタッフから「生活に支障が出ていませんか？」と確認されてはじめて、「私は困っているんだ！」「他人に助けを求めていいんだ！」と気付くケースは案外多い。

介護における正常化バイアス

今回は たまたま だろう
まだ大丈夫 だろう
まぁ、何とか なるだろう

発達障害では早期支援が重要といわれているが、介護でも同じことがいえると筆者は両親の介護の経験から実感している。

特に発達障害の人の場合、

- 自律神経が乱れやすい
- 体調を崩しやすい
- 睡眠リズムが不安定になりがち

といった心身の不調を抱えやすく、自分の生活を優先しないと共倒れのリスクが高まるので、**できるだけ早く親の生活を改善につなげるサービスの利用**がポイントとなる。

家族の介護をしていると突発的な出来事に否が応でも振り回されるが（筆者も経験済）、影響を最小限にとどめる方法を見つけて持続可能な介護の形を身に付けよう。

発達障害の人が抱えやすい心身の不調

介護をなりたたせるために必要なこと

筆者は、発達障害の人の自立には**「時間、もの、お金の管理」**が鍵と考えているが、さらに介護には**「他人と協力する場」**と**「介護と自身の生活を両立する体力」**が必須だと実感している。つまり、これこそ介護に必要な基本スキルだ。

下図は、その基本スキルを阻害する要因で、介護で思い通りにならないときにどれが理由なのかを分析すると補うべき物事が見えてくる。

具体的な方法は第2章以降に挙げるが、迷ったら基本に立ち返るべく見直してみるといいだろう。

介護に必要な基本スキルを阻害する5つの要因

場所の制約

時間の制約

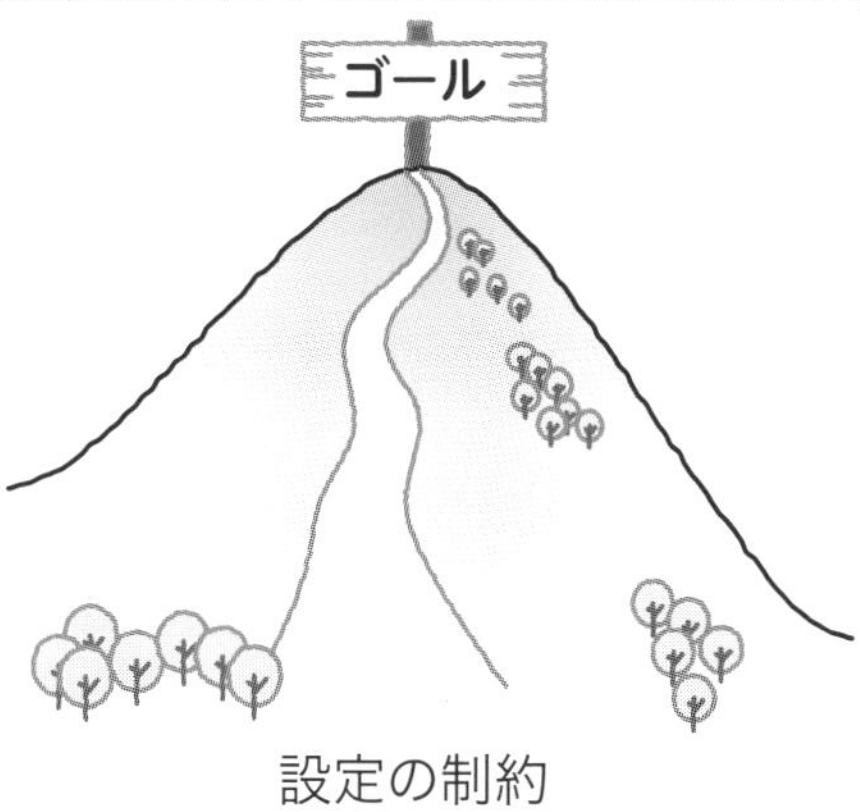

設定の制約

金銭の制約

コミュニケーションの制約

人生100年時代に浮上する親の介護問題

最近よく見聞きする「人生100年時代」という言葉だが、「平均寿命は80歳代なのに？」と疑問に思う人もいるかもしれない（ASDの人に多い）。確かに平均寿命はそうだが、厚生労働省が発表している「簡易生命表」の平均年齢付近の生存率や平均余命を見てみると、男性の25％、女性の50％近くが90歳の時点で生存している。

つまり、**平均寿命はあくまでも目安で、65歳以降の人のライフプランを作るなら100歳前後まで考える必要がある**。実際、私も母（84歳）に22ページのような100歳までのキャッシュフローを作って見せたところ、「リアルだね」と複雑な表情を浮かべていた。高齢者自身も「予想以上に長生きする」ことに戸惑っているのが実情なのだ。

長生きするためには健康はもちろんだが、**生活を下支えする金銭面を考慮する**必要があり、母も「節約して定期的に預金残高を確認しないとね」と気を引き締めていた。

「親世代はけっこう貯金もあるというし、年金ももらっているから大丈夫では？」と楽観的に考えがちだが（ADHDの人に多い）、毎月10万円を貯金から取り崩していたら1年で120万円、10年では1200万円とかなりの額になる。これに施設入所や家のリフォーム、親戚付き合いや治療費などの臨時の出費があればさらに貯金は減っていく。

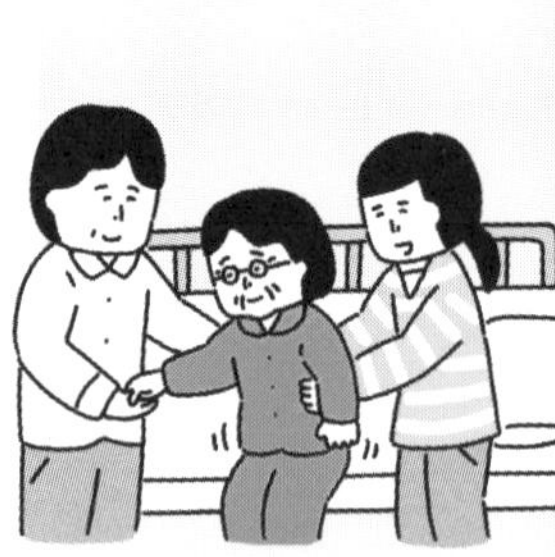

特に自分自身が交際費などに気前よくお金を出す（ADHDの人に多い）、気になることには際限なくお金を使う（ASDの人に多い）、数字でいわれるとピンとこない（計算LDの人に多い）という傾向が強いなら、親も同じような金銭感覚のことが多いため要注意だ。

「親の責任だから親自身で何とかすればいい！」と思うかもしれないが（ASDの人に多い）、**早い段階で対策をすれば現実的なプラン変更を検討しやすい**。

母からは「100歳までのキャッシュフロー例」を見ながら「親世代が長生きすると、先に子どもたちがダウンするかもね。あなたも気を付けて」と反対に心配もされてしまった。

90歳を迎える人の割合

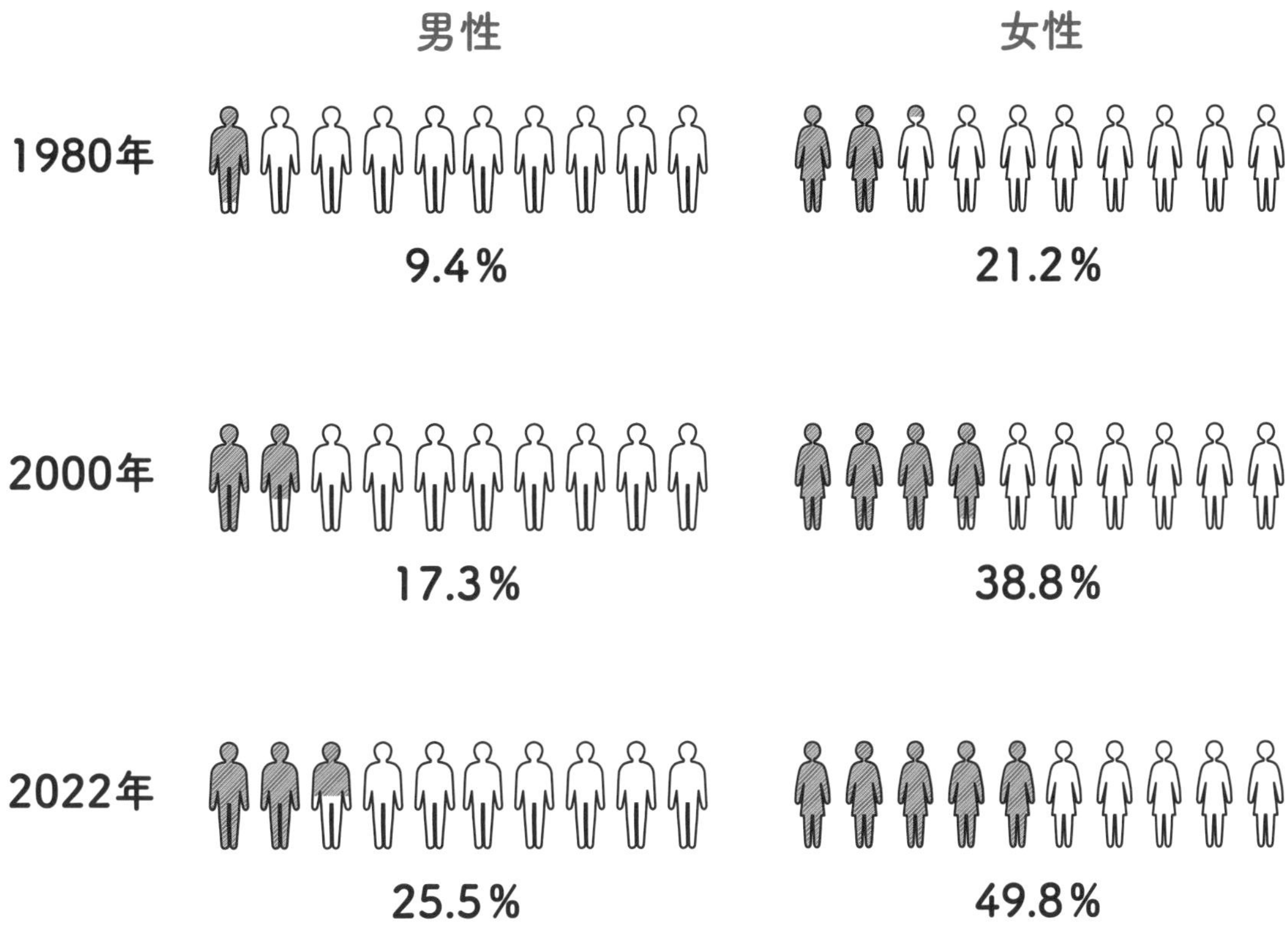

出典：厚生労働省「令和4年簡易生命表の概況」

18ページでも触れたが、発達障害の人は心身の調子を崩しがちで、それが積み重なって生活習慣病やうつ病などの持病がある人も多い。真面目で責任感が強い人（ASDの人に多い）ほど頑張りすぎて疲れ果ててしまうので、親の介護は、

- 自分は親の介護の最終責任者（他の家族が担う場合はその補佐役）
- 家族だけで介護をしない（介護保険などを積極的に活用する）
- できる範囲で親と介護担当者のつなぎ役として動く
- 自分の体調と生活を最優先にする（交渉・妥協しつつも絶対できないことはきちんと断る）

といったことが自分の役割と考え、体の介護などはできるだけ介護保険などを活用してプロに依頼しよう。

Aさん　100歳までのキャッシュフロー例

（万円）

西暦	Aさん				支出							年間収支	残高
		年金	その他	合計	税金（自払）	社会保険	生活費	住居家具	医療介護	合計	その他		
2023	81											0	2,000
2024	82	239		239	0	4	72	180	75	331		−92	1,908
2025	83	234		234	0	4	72	180	75	331		−97	1,811
2026	84	240		240	0	4	72	180	75	331		−91	1,720
2027	85	240	100	240	0	4	72	180	110	366		−126	1,594
2028	86	240		240	0	4	72	180	75	331		−91	1,503
2029	87	240		240	0	4	84	200	100	388		−148	1,355
2030	88	240		240	0	4	84	180	75	343		−103	1,252
2031	89	240		240	0	4	84	180	75	343		−103	1,149
2032	90	240		240	0	4	84	180	75	343		−103	1,046
2033	91	240		240	0	4	84	180	75	343		−103	943
2034	92	240		240	0	4	84	180	75	343		−103	840
2035	93	240		240	0	4	84	180	75	343		−103	737
2036	94	240		240	0	4	84	180	100	368		−128	609
2037	95	240		240	0	4	96	180	75	355		−115	494
2038	96	240		240	0	4	96	200	80	380		−140	354
2039	97	240		240	0	4	96	180	80	360		−120	234
2040	98	240		240	0	4	96	180	80	360		−120	114
2041	99	240		240	0	4	96	180	80	360		−120	−6
2042	100	240		240	0	4	96	180	80	360		−120	−126

※賃貸住宅在住、87歳でサービス付き高齢者住宅、96歳で有料老人ホームへ転居すると仮定
※85歳の100万円は生命保険満期分

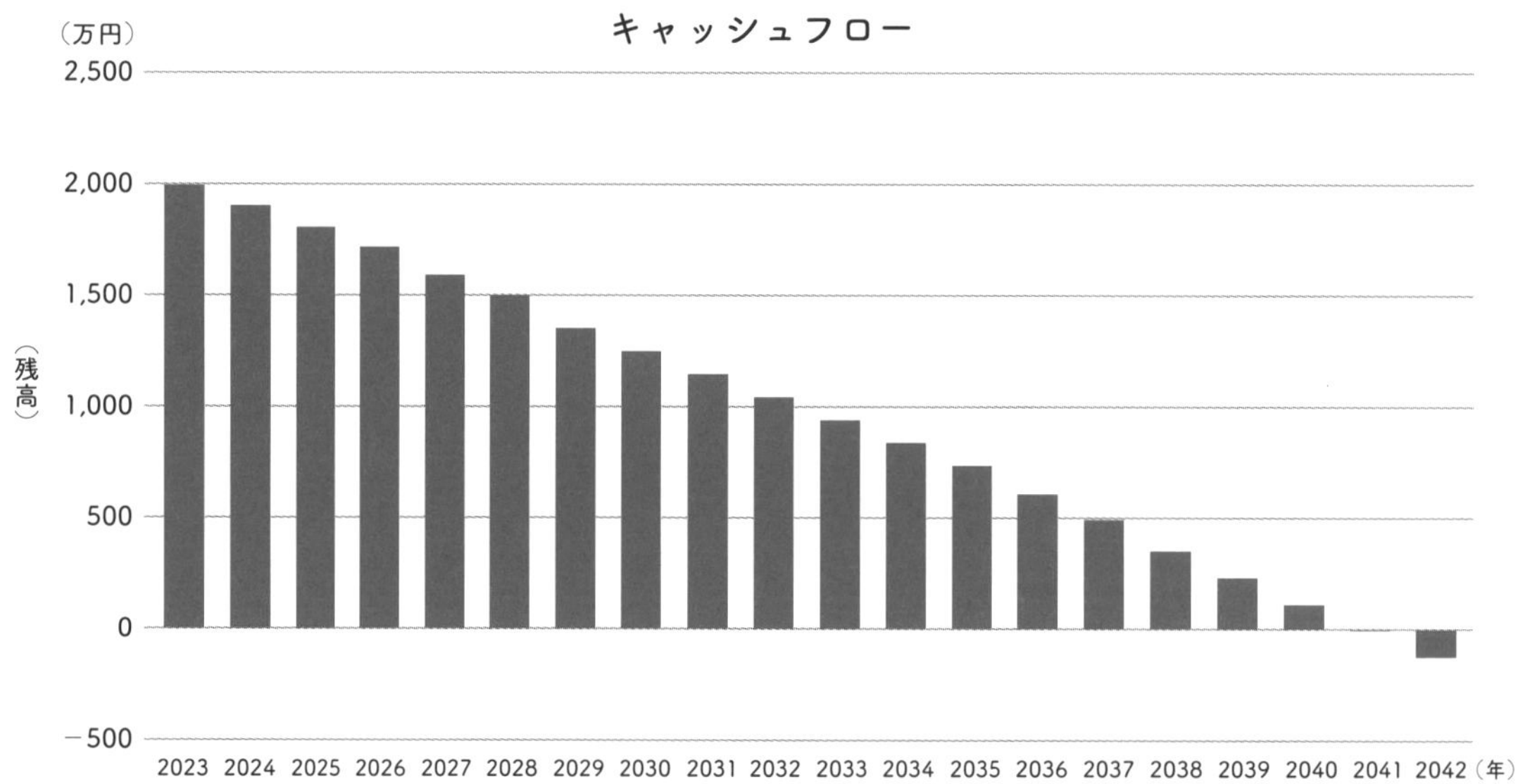

介護する際の心構え

家族だけで介護をしない

自分は親の介護の
最終責任者と考える

自分の体調と生活を最優先にする

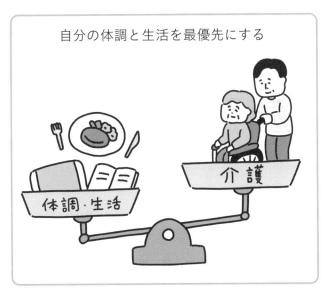

できる範囲で親と介護担当者の
つなぎ役として動く

働きながら介護することが当たり前に

「親が要介護になったら、仕事を辞めて親の介護に専念したほうがいいのでは？」と考える人がいるかもしれないが、仕事や個人でそうした人たちに接した経験からいわせてもらうと、よほどの事情がない限りお勧めしない。

仕事を辞めると親の言動に細かく注意が向くため、目の前にいる親を何とかせねば、と親に必要以上にリハビリや生活改善などを強いる結果になりがちだ（ADHDの人に多い）。

また、発達障害当事者の場合は、子どもの頃に親にできないことを厳しく責められたときの記憶がフラッシュバックし、強く親を責めてしまう可能性がある（ASDの人に多い）。

加えて**ずっと介護だけをしていると想像以上に心身ともに消耗する。**育児をしている人が「自分のペースでトイレにも入れない」とSNSなどで嘆いていることがあるが、介護も同様で、発達障害の人にとってかなり負担が大きい。介護サービスは手続きが面倒だからと先延ばしにしがちだが（ADHDの人に多い）、本来の自分に戻れる時間を得られると思えばメリットは大きい。

実際、筆者の父は生前、自宅から徒歩で通える1回1時間半ほどの通所リハビリテーションを利用していたが、認知機能の衰えが出ていたので、週2、3回でも「その時間は安心できる」とホッとしたものだった。

また、収入が減るから当然なのだが、仕事を辞めれば預金残高が目に見えて減っていく。この状況はさらなるストレスや不安を生みやすいので、自由に使える収入を確保しておくことで、「いざとなったらサービスを頼める」「趣味などで気晴らしができる」という**安心感**は介護を続ける上でもとても重要だ。

働きながら介護をすることの一番の難敵は、「世間体」や「親孝行すべき」といった**周囲からの無言の圧力**だ。

介護をしていると理解のない親はもちろん、兄弟や親戚、友人知人や職場の人から、

「近くにいたほうが親も安心する

よ」

「親が弱っているのに放っておくなんて」

「他人を家に入れるなんて」

といった具体的な解決策のない批判を浴びせられがちで、この手の批判に罪悪感を覚えて真面目に受け止めてしまう人（ASDの女性に多い）ほど行き詰まってしまう。

今は地域包括支援センターのスタッフやケアマネジャーたちも子ども世代は皆働いているのは当然と考えているし、家族が追い詰められるのは高齢者虐待を引き起こすリスクもある。

そのようになるのは先方も本意ではないので、きちんと話を聞いた上で介護サービスの利用に向けた具体的な方法を一緒に検討してくれる。

また、介護をしてみるとよくわかるが、**家族の裏方としての役割**はとても大きい。たとえ表立って介護をしなくても、介護サービスを利用するための手続き、介護用品の選定、不測の事態への対応、衣食住やお金の管理、通院や余暇活動の付き添いなど、さまざまな「名もなき介護」をこなすだけでも時間と手間はかかる。

中には「フルタイム勤務だからこんなにいろいろできないかも」と不安になった人もいるかもしれないが（ASDの人に多い）、このような場合、自分にしかできないことは介護休暇などを利用し、それ以外は介護を支援する制度やサービスを活用するのが得策だ。

たとえば、介護保険は地域包括支援センターで代理申請できるから電話で手続きを依頼し、介護保険認定調査の日は休暇を取って同席する、という対応なら仕事への影響を最小限にできる。

働きながらの介護は、

- 親も子も機嫌よく生活できる体制を整える
- 自分が管轄すること、他人へ委託することを見極める
- お金を遣う優先順位を決め、記録を付ける
- わからないことは見栄を張らずに専門家に相談し、頼めることは依頼する
- 介護に積極的に協力しない周囲の声は聞き流す

という、冷静な判断力や決断力が求められる。

発達障害の人の中にはルール通りに物事を進めるのは得意だが自分で選択・決断するのが苦手（ASDの人に多い）、「自分がやったほうが経済的！」と衝動的な行動をしがち（ADHDの人に多い）、という特性があってかこの手の対応が苦手な人も多いが、介護は長期になる可能性が高いので、**他人と協力するトレーニング**だと思って取り組んでみるといいだろう。

発達障害とマルチタスク

「今は働きながら介護をするのが前提なのはわかった。でも、同時にあれこれと作業をするのはどうも苦手で……」と頭を抱えた人もいるかもしれない。

発達障害について解説する本などを読むと、必ずといっていいほど**「マルチタスクが苦手」**という記述を目にするが、働きながらの介護はまさにマルチタスクなので不安に感じるのは当然だ。

特に不安になると頭の中で感情がグルグル湧き出て固まってしまう人（ASDの人に多い）や、手順や計画を立てるのが面倒で思いついた順に行動する人（ADHDの人に多い）は要注意だ。

こんなときは、**まずは頭の中や具体的な作業を整理し、不要な情報を削除しながら必要な課題はできる限り細かい作業に分解し、1つずつ取り組めるようにすること**だ。

前者の場合、頭の中が感覚や感情に振り回されて作業容量がいっぱいになっている。こんな状態はある意味散らかった部屋と同じなので、頭の中の不要な情報を削除する必要がある。

特に介護の場合には不確実なことが多く、ひとたび親の体調が急変すると考えるべき事項が文字通り数日～1週間単位で変化する。

そのため、「また振り出しからか……」とゲンナリしたり、「うまくできなかった」という感情が湧き出てきたりするが、それらを抱えたままにすると頭の中に少しずつストレスがたまってしまう。

こんなときには、

- ノートなどに悩みや不満をどんどん書き、書いたそばから捨てていく
- カウンセリングやコーチングを受ける
- 軽いジョギングや片付けなど体を動かしてスッキリする感覚を身に付ける

といった頭の中をリセットする対策を意識的にしよう。

後者の場合は、周期がはっきりしている作業（薬の服用など）はスマホのアプリに登録し、締切は決まっていないけれど重要なタスクは専用のメモに記入し、作業の合

間に確認して「今はこれをやる」と優先的に進めていく。

筆者は、外出スケジュールは次ページのように洗面所のカレンダーに予定を記入して朝晩必ず確認する習慣を付け、タスクメモには大きな作業を1週間〜1カ月以内の欄（図右側）に、それを分解した作業を当日〜1週間以内の欄（図左側）に記入し、毎週日曜日の夜か月曜日の朝に更新している。

「タスクやメモに何を書いたらいいのかわからない」という人は、作業の流れが見えづらい（ADHDの人に多い）、集中しづらい環境にいる（ADHDの人に多い）、具体的な作業に落とし込めない（ASDの人に多い）人が多い。

そのため介護については、

- 定期的にケアマネジャーに相談して介護の課題を洗い出す
- 自分にも利用できる支援サービスを活用する

頭の中をリセットする対策

体を動かして
スッキリする感覚を身に付ける

ノートなどにどんどん書いて捨てる

カウンセリングやコーチングを受ける

タスクメモの例

洗面所カレンダー

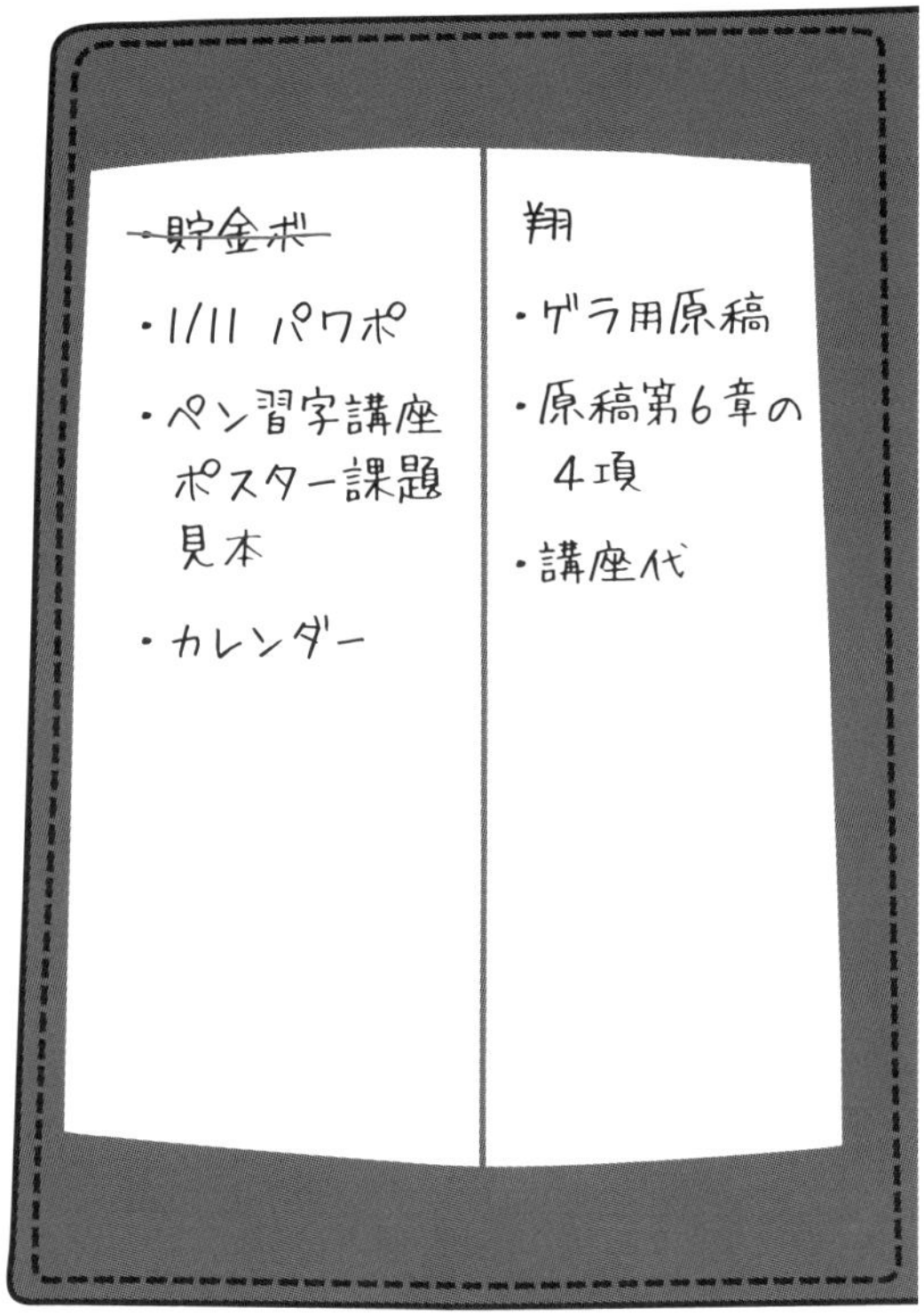

といったことをするとよい。
家事や仕事については、

- 一連の作業を俯瞰して、スケジュールに割り振る
- 手帳に日々の行動や思ったことを記録する
- 毎日少しずつものを片付け、作業しやすい環境を整える

といった、介護を割り振るための事前準備となる、自分の脳内と時間のスペースを作るための環境整備をしよう。

第2章

介護が始まる前の困ったを何とかしたい！

事前にできること

本格的な介護が始まる前にできることはたくさんある。今から親をよく知り、信頼関係を作るためのヒントを挙げてみた。いざというときにスムーズに動けるよう、準備していこう。

自分のことに精一杯で親のことまで気が回らない

対策

- 親に会う日をあらかじめ決めてルーティン化する
- 「対等な大人同士ならどんな付き合いをするか？」を書き出してみる
- 親個人の考えを聞いてみる

事例　「たまには帰ってこい」と言われるが……

就職先が実家から遠かったこともあり、就職と同時に一人暮らしを始めた。親からはときどき「たまには顔を見せに帰ってきなさい」と言われるが、正直平日は仕事で精一杯だし、休日はたまった家事を片付けているうちに終わってしまい、実家に行っている余裕がない。

長期休暇になってようやく帰省しても何を話したらよいかわからず、仕方なく今取り組んでいる仕事の話をすると見当違いなアドバイスや説教をされるので、最近は差し障りのない最低限の会話だけになってしまった。

親は誕生日の集まりや墓参りなどの年中行事にもっと参加するように言ってくるが、何が楽しいのかさっぱりわからない。

もっと家族の時間を大切にしたほうがいいのかもしれないが、自分の仕事と暮らしで今は手一杯で、とても親や家族のことまで考える余裕がない。

原因　親の価値観がよくわからない

働き始めた頃は仕事で覚えることが多い上に、親元を離れていると毎日の家事も自分でこなさなければならないため、日々の暮らしであっという間に1日が終わってしまうのが実情だろう。筆者も就職と同時に実家を出て恋人（今の夫）と暮らし始めたときには、一気に変わった環境に慣れるまでにかなりの時間がかかった。

発達障害当事者の中には**急激な変化が苦手な人**（ASDの人に多い）もいるので、1日でも早く環境に慣れるためにも、まずは新生活優先なのもある程度は仕方がない。

一方で親の立場からすれば子どもが元気で暮らせているのか心配だろう。実際、発達障害のある子どもを持つ保護者の集まりでも「子どもの自立」は心配事として大きなテーマになっている。今後のためにも家のことをある程度把握しておいてほしいという本音もあるだろう。

ただ、そうした人たちの中には束縛や支配が強すぎるあまり、必要以上に子どもに負担を強いていることもある（親も発達障害の傾向が強い場合が多い）。

このような場合、**親から一定の距離を置いて子ども自身が自分の価値観を築くこと**が長い目で見ると大切になる。

親ときちんとコミュニケーションを取れることや、親の考え方を理解していることは、将来介護をスムーズに進めるために重要なので、**ある程度自分のペースで親と関わるしくみを作る**のが得策だ。

親に支援してもらう関係からお互い別の生活基盤を持つ関係への転換期として親も子も戸惑う時期でもあるので、親の価値観を理解しながらも「それはそれ」と距離を取れる関係を作っていけばいいだろう。

解決法　親に会う日をあらかじめ決めてルーティン化する

感情の共感のやり取り中心のコミュニケーションが苦手（ASDの人に多い）だと、「用事もないのに何を話したらいいの？」となりがちだが、発達障害ではない人のコミュニケーションは「用はなくても場を共有していることや自分のために時間を取ってくれること」に重きを置いていることが多い。

したがって、この認識の差を理解した上で、

- **定期的に連絡する負担の少ない用事を見つける（あるいは作る）**
- **負担のない範囲での共有の場（時間）を作る**

といい。

うっかり忘れがちな場合（ADHDの人に多い）はスマホなどの**タスクリストに入れてアラームをかける**、家族が毎年集まる予定を**カレンダーアプリにあらかじめ入れ**

「グーグルカレンダー」アプリでのアラート設定のやり方

1 予定のある日付をタップする

2 予定を記入する

3 「通知を追加」をタップし❶、「カスタム」をタップする❷

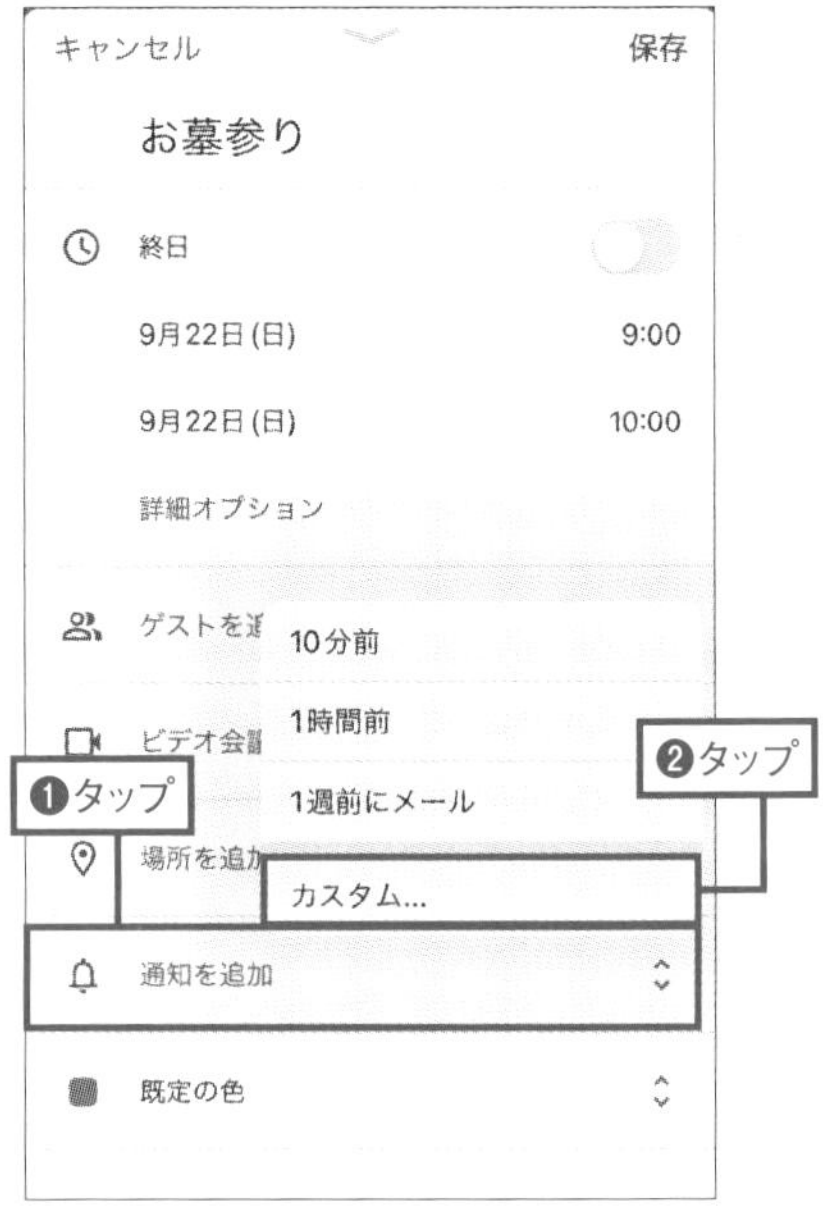

4 通知がくる日時を指定し❶、「完了」をタップする❷

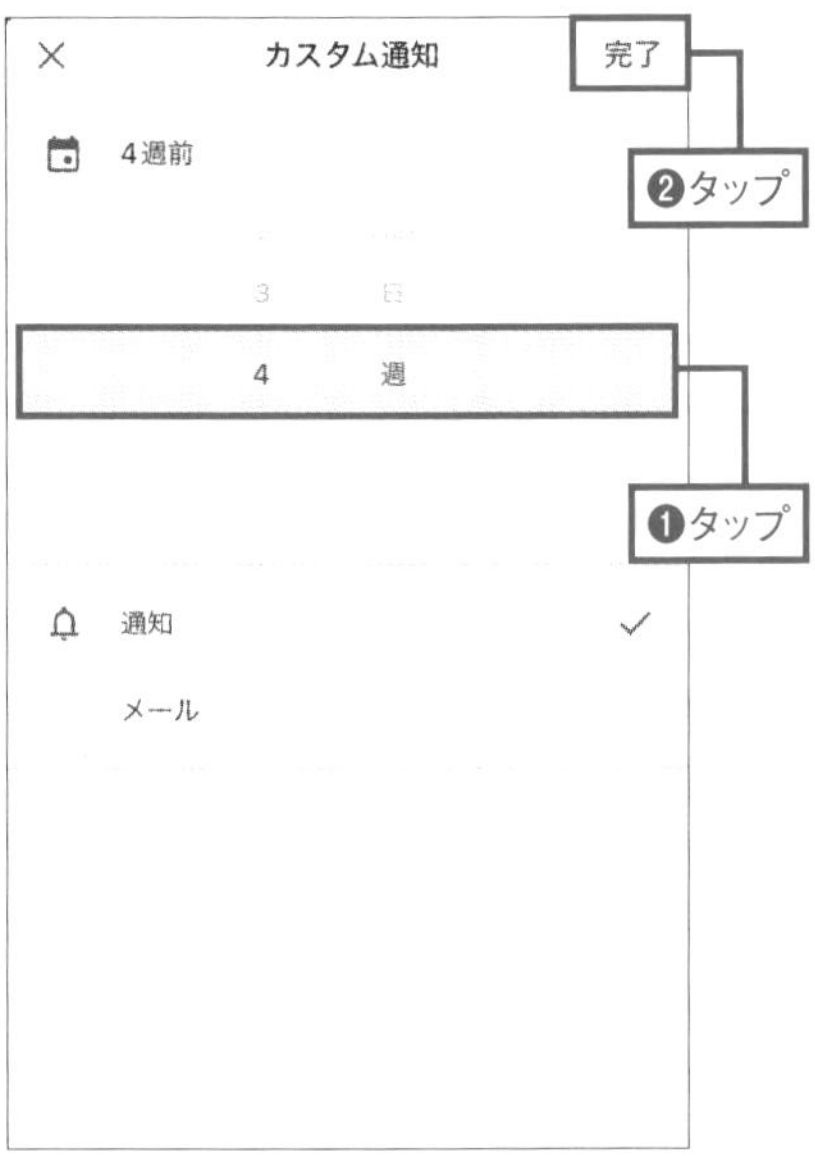

5 「保存」をタップする

memo
毎年の予定は繰り返し設定にしておくと忘れにくい

て2週間～1カ月前にアラームをかける（毎年の繰り返し設定にしておく）と、「あ、そろそろ」と気が付きやすい。

筆者は、毎週母がよく見るテレビ番組が始まる直前にリマインドを兼ねて電話をしている。母が「ときどき見るのを忘れる」と残念がったことがきっかけだが、自分も同じ番組を見るため習慣として組み込みやすく、見終わった後に感想などを話すことでお互いの価値観などを知る手がかりになるのであえて電話を掛けることに決めた。

電話が苦手、もしくは特に親と話す話題がないのなら、今は親世代もスマホを持っているのが当たり前になり、LINEやフェイスブックメッセンジャーなどを使える人も多いので、日時を決めて仕事の進捗のように休日にした家事などを報告したり、次に帰省できそうな予定を伝えたりするようにすると、家族も「何とかやっているのね」と安心することが多い。

親がLINEのグループなどを使えるのなら、家族のグループを作って普段は自分以外の親兄弟でやり取りしてもらい、自分は定期的な報告や用件を中心に連絡すれば、家族の中でも「まあ、こちらにも付き合ってくれるから」と何となく許してもらえる雰囲気になりやすい。

親戚と顔を合わせることが苦手だったり、お盆や正月だと費用や移動を負担に感じたりするのなら帰省する時期を少しずらすのもいいだろう。会社の長期休暇が一般的な日取りで決まっている場合は難しいかもしれないが、親以外の親族とは1日だけ重なるようにして帰省する、家族行事が終わる頃だけ参加して片付けを手伝うなど、実際に会う時間を少なくするだけでもストレスを減らせることが多いので、検討してみよう。

親との話題がない際に取り上げるとよいこと

- 日時を決めて仕事の進捗のように休日にした家事を報告する
- 次に帰省できそうな予定を伝える

親との関係を見直す

子どもが家を出る、あるいは働き始める頃から、徐々に親子は大人同士の対等な関係へと変化する。親側も「未熟だから」「まだ若い

親との関係を見直す表の例

対等な大人同士の付き合い

①会話のキャッチボールが続く
②自分も相手も話を熱心に聞く
③建設的な話し合いができる
④会食の費用負担
⑤準備や片付けに協力的

	親との現状	理想	改善のためにやってみたいこと
① 父80%	父：父が80%くらい話している 母：日常会話はわりと対等（大事な話は静か）	・自分ももう少し話せるといい ・母の意見をきちんと聞きたい	・父に「2分話を聞いて」と言う ・母の意見を聞く（メールやLINEでもいい）
②	父：聞くこともあるが、批判も多い 母：意見を尋ねると「わからないから」と言う	・父の批判が減るとうれしい ・母のペースで話してもらいたい	・父の会話を観察する ・母に「ひょっとして父に批判されるのが嫌？」と聞いてみる
③	親は今後のことをもっと話し合いたいようだが、自分は未確定のことが多くてつい避けている	・お互いの意見を正直に話し合いたい ・今できることをする	現時点でできることを確認する（例：元自室の片付け）
④ 自分 0%	親が「いいから」と言うので、ついそのままに（小遣いを渡されることも）	少しは費用を負担したい	手土産のリクエストを聞く
⑤ 自分 0%	親が「座っていなさい」と言うので、ついそのままにしている	親の本音を聞いて負担になっていることを減らす	母に負担になっていることを聞く

し」と思春期以前の意識で接しがちだが、子ども側もつい親へのサポートを忘れていたり（ADHDの人に多い）、変化自体あまり意識していなかったりする（ASDの人に多い）ため、上げ膳据え膳状態で帰省しているようなら、**自分たちにも無意識な甘えや依存がないか**考えたほうがいい。

「どうやってやるの？」と思ったのなら、前ページのようにまずは手持ちのノートやA4用紙などに**「対等な大人同士ならどんな付き合いをするか？」を書き出してみよう**（LDの人はPCやスマホのメモを利用してもいい）。

すると、

- 会話のキャッチボールが続く
- 話を熱心に聞いてもらい、自分も相手の話を聞く
- 建設的な話し合いができる
- 会食などの費用を負担している、もしくは交際費などを出している
- 準備や片付けに協力的

といった関係が出てくる。

次に、現状においてどのくらいそれが親子の間でできているかを考えてみよう。言葉だとピンとこない場合、○%といった数字だとわかりやすい（ASDの人に多い）。

そして、割合が不釣り合いな項目について具体的な対策を考えてみると、「説教されない話題をする」「食事の片付けを手伝う」といった行動案が出てくるだろう。

「そんなことやっても無駄」と思うかもしれない（ASDの人に多い）が、頭の中でいろいろ思考するより書き出すほうが、自分の頭の中を整理できるのでまずは取り組んでみよう。

親個人の考えを聞いてみる

実は親側も「帰省のときは食事や寝具の支度、片付けが大変」「子どもにも少し費用を出してほしい」と思っているけれど、「せっかくみんな楽しんでいるから」と口に出せない可能性がある（特に母親）。相手に気兼ねして話せないことも多いので、**一人のときに父母それぞれに聞いてみる**といいだろう。

親が負担に感じている場合、持ち寄り方式やレストランなどでの食事会に変更する、食事や寝具の準備・片付けを手伝う、といった負担軽減案を家族や兄弟間で話し合うとそれぞれの考え方も見えてくる。

親は、「まだ平気」「大丈夫」と言うかもしれないが、子どもの前で見栄を張る親は意外と多い。言葉通りに受け取る（ASDの人に多い）と勘違いしてしまうので、そのときは自分以外の親が気を許して話してくれる兄弟や親戚に聞いてみよう。

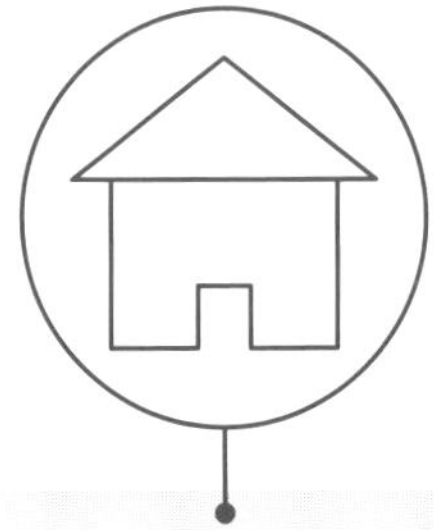

介護について親の考えを聞けない

対策

- 具体的に困りごとの話を投げかけてみる
- 親の居住先の地域包括支援センターの連絡先を調べておく
- 困りごとをまとめて地域包括支援センターへ相談する

事例

子どもには迷惑をかけないと言うが……

最近、お世話になっていた方が入院し、退院後は自宅で介護生活が始まるという話を聞いた。

自分の親と年齢が近いので「同じような状況になったらうちはどうなるのかな?」と心配になってしまった。

以前、親と介護の話になったときには、「ちゃんと考えているから、心配しなくていい」と言われたが、少し聞いてみるとお金は用意しているものの、具体的なイメージはしていないようだった。

あまりしつこくしても「親のことが信用できないのか!」としかられそうだし、いざとなったらどうしたらいいのだろう。

原因

親も今の医療や介護制度をよく知らない。具体的に考えることが怖い

「介護保険も親の親（つまり祖父母）で使ったし、定期的に通院もしているだろうから、ちゃんとわかっているだろう」（ADHDの人に多い）と思いがちだが、**医療制度や介護保険制度は定期的に制度が見直されている。**

たとえば、親が介護を担っていた頃よりも大きな病院に入院できる期間はずっと短くなり、医療ケアが必要な人が入所できる介護施設は限られている。また、自宅で訪問看護や介護保険を利用する場合は、医療機関や地域包括センターへ相談してさまざまな手続きが必要になる。

親にしてもどんな状況になるか

わからないし、知識も限りがあるのでいろいろ考えるのが億劫かつうまくいかない場合を想像するのが怖いのだ。

　特に**親もわからないことへの不安が強かったり**（ASDの人に多い）、手続きなどの**段取りを考えるのが苦手**（ADHDの人に多い）だったりすると拒否感がより一層強くなってしまう。

　しかし、介護保険制度をよく知らなくても「今の住まいで困っていることは何かないか」「最近動作でつらくなってきたことはあるか」といった話題はできるし、話しているうちにだんだん親の不安を解消する手だてが見えてくることもある。

　あまり一方的に事情聴取のように質問する（ASDの人に多い）と親は責められているように感じてかたくなになってしまう場合もあるので、親の話を少しずつ聞き出してみよう。

解決法　困りごとを聞き出してみる

　元気といっても加齢とともに日常生活での困りごとは確実に増えている。ところが相談場面で「困っていること」といった抽象的な表現で尋ねると質問の意図や答え方がわからず（ASDの人に多い）、「大丈夫」「特にない」と返されることは案外多い。この場合、**聞き取り方にコツ**が必要だ。

　つい「なんでちゃんと答えないんだ！」とイライラするかもしれないが（ASDの人に多い）、親にも指摘されるまで気付かない（ASDの人に多い）、その場面での具体的な行動をイメージしてようやく思いつく（ADHDの人に多い）、といった理由もある。

　だから具体的に「お風呂場のドア、内開きで困らない？」「階段の壁が少し汚れているけれど、もしかして昇り降りのときに壁に手をついているの？」と話を振ってみると、それをきっかけに「入浴中に倒れたときにドアを開けられないかも」「階段を降りるときは手すりがあるといいかも」と具体的な話が次々と出てくることがよくある。

　このとき、つい自分が思いついた解決策をどんどん話してしまいがちだが（ADHDの人に多い）、このときは**できるだけ親の話を聞くことに集中しよう**。

親の居住先の地域包括支援センターの連絡先を調べておく

筆者の体験談だが、以前に介護への関心が低い夫に「ご両親の地域包括支援センターってどこなの？」と尋ねたところ、「え？それって何？」と回答され、「介護が必要なときに真っ先に相談する場所だから調べておこうよ！」とその場で一緒に検索したことがある。

地域包括支援センターは公立中学校の学区に1つあるように設置されており、「親の居住地（○丁目まで）＋地域包括支援センター」で検索すると施設の連絡先が出てくる。

「必要なときに調べればいいんじゃない？」（ADHDの人に多い）と思うかもしれないが、事前に調べておけば、いざというときに慌てずに済む。

実際筆者は父の通院に同席した際、担当医から「介護保険を申請してデイケアなどを利用されては？」と勧められ、「体を動かせるのはいいな」と父もその気になったので、気が変わらぬうちにと帰り際に父を連れて事前に調べていた地域包括支援センターへ出向いて介護保険を申請したことがある。

おそらくこのときに勢いで申請しなかったらもっと時間がかかり、介護サービス利用までたどり着けなかった可能性もある。

特に先延ばししがちな人（ADHDの人に多い）はタイミングを逃さないためにも**必要なときにすぐに動けるよう事前に調べておき**、できれば次項にも挙げるように、事前に地域包括支援センターのスタッフとやり取りしておけば、いざというときに慌てずに済むだろう。

困りごとをまとめて地域包括支援センターへ相談する

「介護サービスを利用するかどうかまだわからないのに地域包括支援センターへ行くのはおかしい」と思う人もいるかもしれない（ASDの人に多い）が、地域包括支援センターには**地元の介護に関する情報が集約されている**。

たとえば、前述のお風呂場や階段のような困りごとでも知識がないと条件に合うリフォーム業者を探すこと自体難しいが、地域包括支援センターで相談すれば介護保険の住宅改修や自治体独自の制度、そして手すりなどの実物を見られる場所や業者の情報などについて教えてもらえる可能性が高い。

他人に相談することで「第三者の目からだと親はこんなふうに映るのか！」と客観的に親の状況を捉えられるし、自分では「まだ大丈夫」と楽観的に考えていた（ADHDの人に多い）けれど、急いで介護保険の申込みが必要な場合も往々にして見られる。

最初からサービス利用につながらなくても、事前に相談しておくのはセンター側にもメリットがある。今後サポートが必要そうな高齢者がいる情報を把握できるし、相談記録があれば次からは話がスムーズに進むことが多いからだ。

また、必要に応じて地元の公民館や保健センターなどで開催している介護予防目的の体操教室や健康相談を紹介してもらうことで、親が抵抗なく地元の関係者とつながるきっかけを作ってもらえることもある。

デイサービスなどを利用することになった際、どんな場所だと出掛けやすいかを知る手がかりにもなるので、地域の情報に関する配布物がないか問い合わせの際に聞いてみるといいだろう。

地域包括支援センターの４つの役割

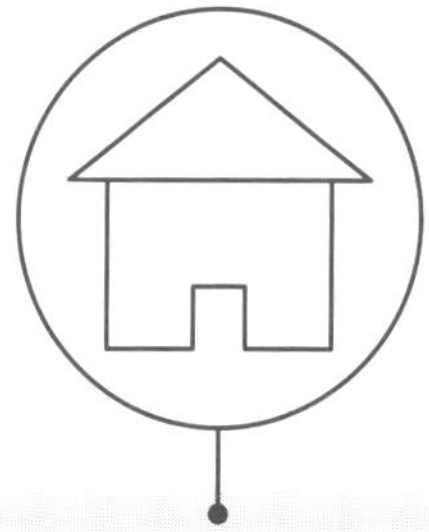

とにかく親の家にはものが多い

対策

- 暮らしやすく整理しようと声をかける
- リサイクルや寄付を活用する
- 家に入れるものの量を減らす

事例 「捨てないで！」と言われたが……

先日久しぶりに実家へ帰省したら何となく今までより部屋の中が雑然としている。よく見るとダイニングテーブルの上にはたくさんものが置いてあるし、部屋の至るところにもものが積み重ねられている。

「こんなに散らかっていたっけ？」と戸惑いながらテーブルの上にあった昨日の新聞を回収袋へ入れようとしたら、「まだ読んでいないから捨てないで！」と母にしかられてしまった。

「このチラシはいいでしょ？」と聞くと、「裏をメモ帳代わりに使うからいるの！」と言われ、「メモ帳だっていっぱいあるだろうに……」と思いながら出されたお茶を飲んでいたら落ち着かない気分になってしまった。

できたら介護に備えて家の中を片付けてほしいけれど、こんなにものがたくさんあると何から手を付ければいいかわからない。どうしたらいいのだろう？

原因 親に整理整頓への気力が湧かない。重いものを運べなくなった。ライフスタイルの変化に対応できない

客観的に見ても明らかにゴミだと思うものでも、「捨てなよ」と言うと、親は難色を示すことが多い。

高齢者の多くはものが少ない時代を経験しているからか、**捨てることに強い罪悪感がある。**

また、年齢とともにものの要不

要の判断や重いものを運ぶことがしんどくなってきて、**いざ片付けようと思っても気力・体力がついていかない**ことも多い。

子どもの立場からすると「こんなに不要品をため込んで！」「無駄遣いだ！」とつい叱責したくなるが（ASDの人に多い）、親の価値観を一方的に否定するとかえってかたくなになることもある。

そうはいってもものが多いと転倒や落下によるケガの危険性が高くなる。高齢者にとって骨折はその後の生活に悪影響を与えるので、「この家で元気に過ごせるようにものを整理しよう」といった働きかけから始めてみよう。

解決法
暮らしやすく整理しようと声をかける

捨てるのに抵抗を示すタイプの人の場合、ものに強いこだわりがあり、ものを捨てると自分の一部を喪失したかのような感覚になることもある。

そのため、子どもが自分の基準で「不要品だから」とものを別の場所に分けておくと親がこっそり取り出して元に戻してしまい、片付けがまったく進まないことがある（ASDの人に多い）。

親自身も何とかしたいと思っているが、長年ため込んだその物量に圧倒されて何から取り組んだらよいのかわからず、段取りを組めずに先延ばししていることも多い（ADHDの人に多い）。

いずれの場合でも、いきなり「捨てよう」と言うよりも、「よく使うものを使いやすい場所に置くために整理しよう」と声をかけたほうがいい。

この場合、自然と不要品は出てくるし結果として片付けになるが、引き出し1つでも欲しいものがパッと取り出せるメリットを実感してもらうと、徐々に親も快適さを感じて片付けに前向きになってくれる。

このとき、つい自分の基準で片付けがち（ASDの人に多い）だが、大事なのは**高齢者である親の事情に合わせること**だ。

たとえば高齢者は年齢とともに白内障など目の疾患でものが見えづらくなっており、手先の機能も徐々に衰えている。だから、

- 親の意見を聞きながら、容器を

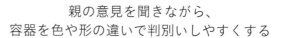

親の事情に合わせて工夫する

本人が出し入れしやすい入れものの
大きさ、重さ、仕舞い場所を意識する

親の意見を聞きながら、
容器を色や形の違いで判別しやすくする

ラベルを貼る場合は
大きな文字かつ読みやすい字体に

色や形の違いで判別しやすくする

- ラベルを貼る場合は大きな文字かつ読みやすい字体にする
- 本人が出し入れしやすい入れものの大きさ（A4〜B4くらいが目安）、重さ（2キロ以下）、仕舞い場所（親の目から膝くらいまでの高さが目安）を意識する

といいだろう。

リサイクルや寄付を活用する

親が「まだ使えるものをゴミにするのはもったいない」と言う場合、買取や寄付ならOKしてくれることがままある。筆者の母はもともとものへの執着は少ないが、父の遺品整理の際、「ゴミにするより他の人が使ってくれるほうがいい」と希望したので、**利用できそうな状態のものはなるべくリサイクル店や寄付に回した。**

主なフリマサイト

サイト名	特　徴
メルカリ	・ユーザー数日本一を誇る、日本最大の総合フリマアプリ ・利用者数が多いので売れやすい
Yahoo!フリマ	・売上金をPayPayで受け取れる ・ヤフオク！との同時出品ができる
楽天ラクマ	・楽天会員IDをラクマのユーザーIDとして利用できる ・売上げに応じて楽天ポイントがたまる
ジモティー	・住んでいる地域で不用品の売買ができる ・対面で取引すれば手数料がかからない

最近では、次ページの表のようにさまざまなフリマサイトもあるので、利用するといいだろう。

購入した値段にこだわるタイプ（ASDの人に多い）だと「元の値段に比べてあまりに安すぎる！」と難色を示すかもしれないが、

- プレミアが付くものはむしろ例外で、大半のものは買った値段よりずっと安くなる
- このまま家に置いておくと劣化や汚れでさらに価値が下がる
- ゴミにするより少しでもお金になったほうがいいと思う

とネットなどで中古市場の価格を見せながら話すと不承不承ながら納得してくれることが多い。特に昨今はSDGsの影響で買取や寄付の対象になるものが幅広いので、処分に悩んでそのままにしているものから進めてみるといいだろう。

家に入れるものの量を減らす

家の中のものをいくら減らしても、外から入ってくるものの量が多いままでは再びものは増えていくだけだ。中でも、

- 新聞やチラシ
- 紙袋やレジ袋
- 包装紙
- 段ボール箱
- お付き合いでもらったタオルや食器
- 無料のサンプルやポケットティッシュ

といった「後で使えるかも」と親が取っておきがちなものは要注意だ。1つ1つはかさばらないから無意識にためてしまうが、いざ片付けようとすると大量に出てきて驚くことが多い。したがって、

気付くと増えてしまうので注意が必要なもの

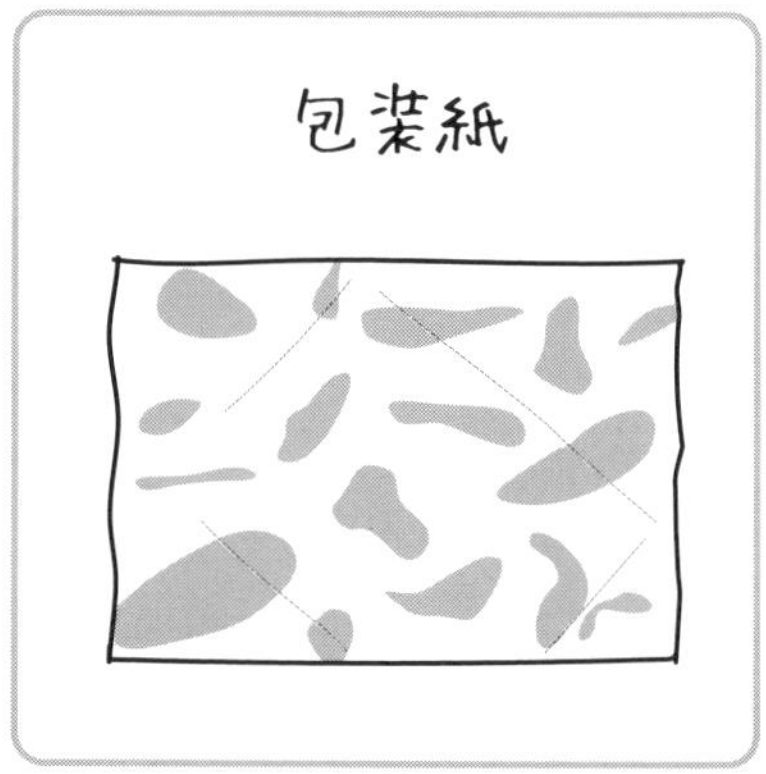

・負担にならない量に収まるような仕舞い場所を決める↓例：レジ袋はA5サイズ紙袋1つ分だけにしてゴミ箱付近の棚に置く
・定期的に古いものを捨てるしくみを作る↓衣替えのときに1年間着なかった服を捨てる
・使い切れないものは家に入れない↓セールスのチラシを断るシールをポストに貼る

といった対策が必要だ。特に新聞やチラシは捨てる際も形をそろえて袋に入れる（もしくはひもで縛る）必要があり、束ねるとかなりの重さになるので、高齢者の場合、ゴミに出すのが負担となって処分しそびれる可能性が高い。

筆者の母は一人暮らしになったのを機に朝刊だけ購読していたが、ある日「毎日だと読み切れなくて、資源ゴミに出すのも大変。購読をやめてコンビニで買うといいかしら？」と相談された。話を聞くと「土曜日は読みたい記事がある」とのことで、販売店へ連絡して土曜日だけの購読に変更してもらった。変更後は「じっくり読める」「節約になった上にゴミ捨てが楽になった」と喜んでいる。

「そんなことまで付き合うなんて面倒くさい！（ADHDの人に多い）」と思うかもしれないが、今後少しでも不要品が入るルートを断てれば次からは片付けの手間を減らせる。特に「お得だから」と無料品をもらいがちな人（ADHDの人に多い）、捨てる決断が苦手な人（ASDの人に多い）は、保管や処分の手間も考えた上で判断するようにしよう。

また、ついものをもらいがちな場合、理由をよく聞いてみると、「昔手元にティッシュがなくて鼻をかむのに苦労した」といった本人にとっての失敗体験が潜んでいることもある。

「そんなことで!?」と思うかもしれないが（ASDの人に多い）、軽視すると「私のことを理解してくれない！」と親もますます意地になることがある。

既に言い合うようになっているのなら、まずは親の不信感を拭うためにも**親の話を否定せずに耳を傾けること**が大切だ。ただし、それでも言い合いになるのなら、将来ケアマネジャーやヘルパーに相談する項目に挙げる、業者に依頼するリストに挙げておき、必要になったらすぐに取り掛かれるよう準備しておこう。

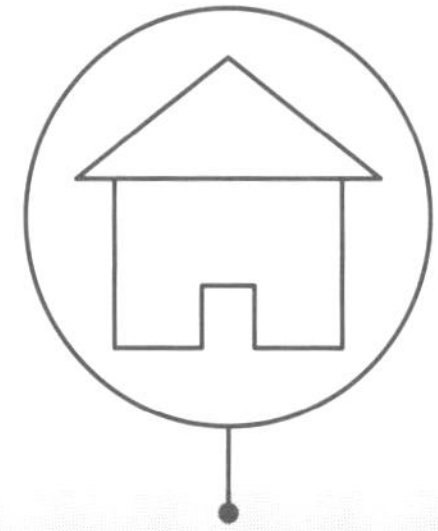

親の交友関係がさっぱりわからない

対策

- あらかじめ、「まず誰に連絡するのか？」を親に確認しておく
- 年賀状や思い出の品の整理を手伝う
- 墓参りや法事に参加する

事例 「何かあったらよろしく頼む」と言われたけれど……

先日親から「いきなりだと大変だろうから親戚の葬式や法事に少しずつ代理で出てほしい。自分たちの葬式や法事のことも今後お寺に相談して決めておくので、何かあったらよろしく頼む」と言われてしまった。

親戚には子どもの頃から冠婚葬祭や年末年始の帰省のときぐらいしか会わなかったし、親の生家は最近伯父からいとこへ代替わりをしたと聞いたが、どこか他人事だったので「まだ早いんじゃないの？」と答えてしまった。

そもそも親戚はもちろん親の仕事関係の付き合いや友達についてもさっぱりわからない。いったい何をするといいのだろう？

原因 親の友人や元職場、親戚付き合いを知る必要性がよくわからない

コロナ以降、感染症対策で病院の見舞いが制限され、冠婚葬祭も少人数で済ませることが増えている。2020年3月に死去した筆者の父の葬儀もコロナ禍が始まり、かつ大半の親族は高齢で遠方にいるため、家族だけの1日葬で執り行った。

しかし、人は何かと助け合って暮らしているため、人生の節目には親しい関係の人に報告して気持ちを共有したいというのが、社会生活では常識とされている。

興味がないとついこの手の付き合いを軽視しがち（ASDの人に多い）だが、巡り巡って自分も助け

られてきたと考え、親の意向を聞きながら交友関係を把握するといいだろう。

特に親族が地元で代々続く仕事をしている、あるいは身内に公的な立場で活躍した人がいる場合には家族が知らない交友関係があり、中には公私にわたって親しい付き合いをしていた人が多くいる可能性が高い。

今は通夜と葬儀は身内で執り行って、葬儀や相続の手続きが落ち着いた頃に偲ぶ会を開くことも多くなっている。**家族が負担にならない方法を親にも検討してもらおう。**

解決法　入院や葬儀のときに連絡を取る人を確認する

「何かあったときに考えればいいんじゃない?」と思うかもしれないが（ADHDの人に多い）、入院は多くの場合突然なので家族もパニック状態になり、連絡する人について考える余裕はほとんどない。最悪の場合、意識がないまま入院する場合などもあるので、**あらかじめ「まず誰に連絡するのか?」を親に確認しておこう。**

連絡先が少なければ自分のスマホの連絡先にリストを作って登録しておくと慌てずに済むし、多人数ならエクセルなどでデータ化すれば、いざというときに家族で手分けして連絡できる。

親から「任せる」と言われた場合は次項に挙げる年賀状の整理をしながらリストを作っていくといいだろう。

年賀状や思い出の品の整理を手伝う

親の家を片付ける機会があったら、折を見て思い出にまつわる品物である

親の交友関係リスト

氏名	住所	電話番号	メールアドレス	SNS	親との関係	見舞い	葬儀	備考
田中太郎	東京都新宿区〇〇1−2−3	03-〇〇〇〇-4567	〇〇@〇mail.com		兄	優先	優先	息子代理
佐藤花子	宮城県仙台市××3−4−5	022-□□□-6789	△△@×ty.com	LINE	妹	優先	優先	

整理すべき思い出の品

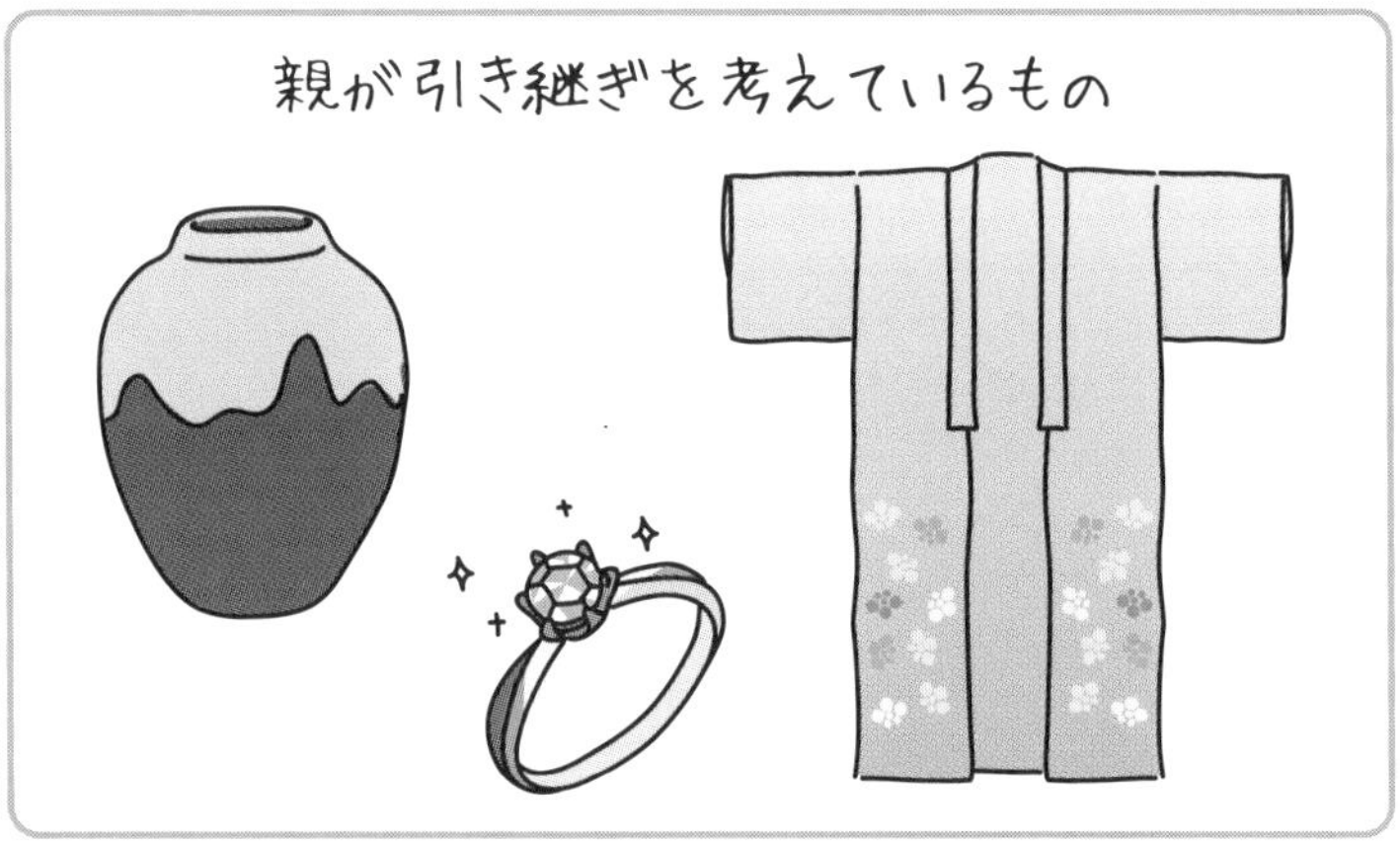

- 年賀状
- 写真（アルバム）やビデオ類
- 親が引き継ぎを考えているもの
  （美術骨董品、宝石、着物など）

を整理しよう。

　この手のものは何も知らないと「全部いらない！」「無駄が多い！」となりがちだが（ASDの人に多い）、親の人生や価値観を反映していることが多く、手に取ると自然と過去の話をしてくれる可能性が高い。

　まずは「連絡先のリストを作りたい」と**年賀状や住所録から整理を始める**と、写真の整理をする際に顔と名前をつなげやすい。「顔や名前が似ていて区別が付きづらい」（ASDの人に多い）なら、家系図や次ページのような関係図にするのがお勧めだ。

　また、葬儀の直前に慌てて探すのではよい写真を見つけにくいため、このときにできれば遺影の候補も確認するといいだろう。

「これを機に写真やビデオを処分してスッキリさせたい」という場合はデータ化するのも手だ。次ページに挙げたような業者に依頼すれば簡単にやってくれる。筆者も以前、父が撮影した動画類をDVDにするサービスを利用し、今後見ないものを処分した。

アルバムごとスキャンしてくれるサービスなどもあるので、「データにすると場所も取らないし、テレビにつなげて大画面で見られるよ」といったメリットを伝えながら提案してみよう。

墓参りや法事に参加する

筆者の父は実弟である叔父の死をきっかけに自宅から少し離れた霊園の墓を購入した。それまで両親の実家が遠いせいもあって墓参りや法事にはあまり縁がなかった

関係図の例

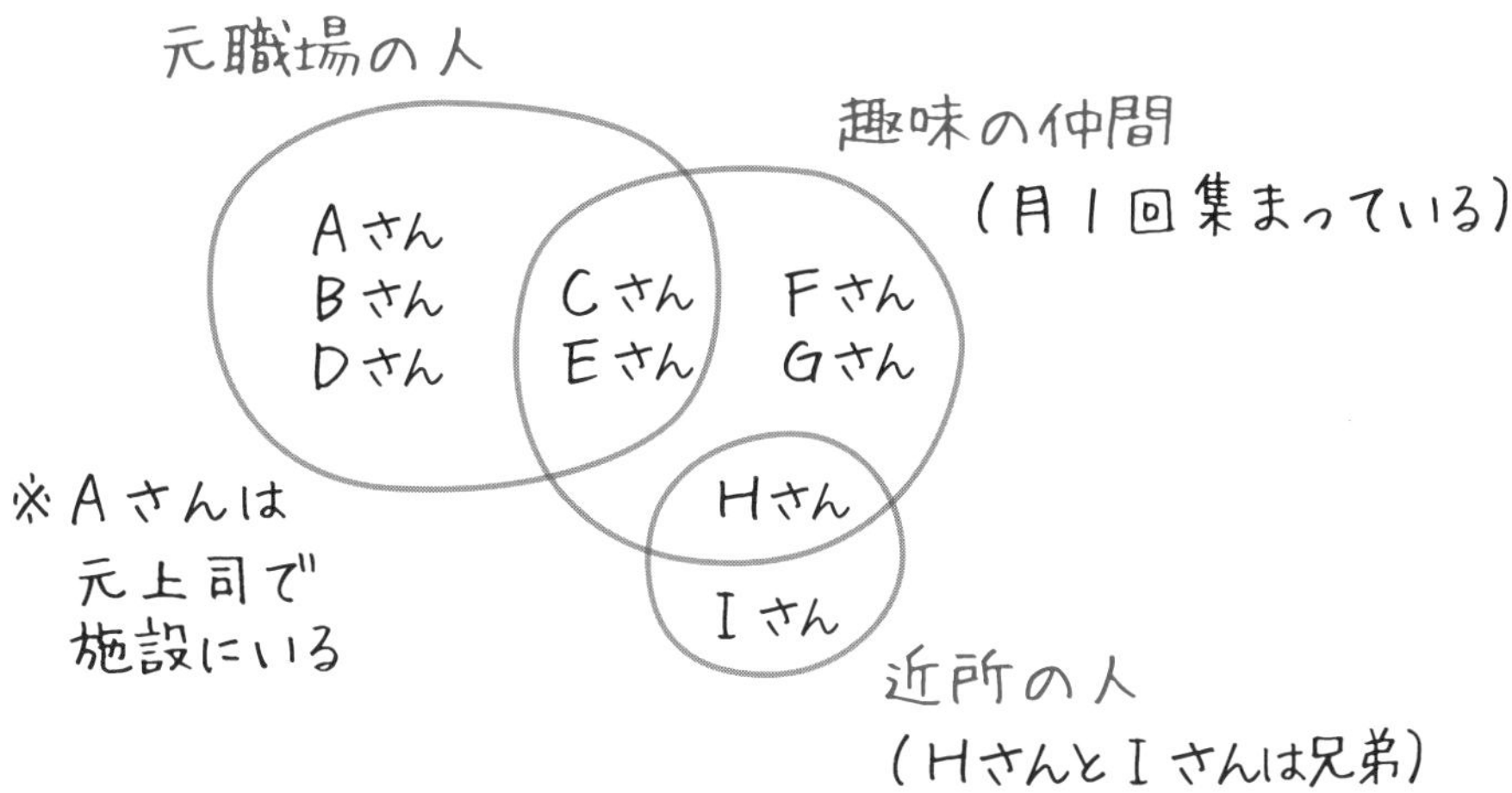

- Bさん、Dさんとは年賀状でのやり取りのみ
- Cさん、Eさん、Fさん、Gさん、Hさんとは LINEでよく連絡している
- Hさん、Iさんとは買い物や散歩のときに会うとあいさつして少し立ち話をする

代表的なDVDダビング業者

業者名	URL
富士フイルム	https://fujifilmmall.jp/conversion/dvd/
ケイジェイ イメージング	http://www.kjimaging.co.jp/service/dubbing.html
カメラのキタムラ	https://www.kitamura-print.com/data_conversion/

が、墓が近くになったのを機に叔父の法事や墓参りなどに行くようになった。

以前は仏壇に線香をあげることや墓参りや法事に対しては形式的な印象しか持っていなかったが、少し介護を手伝った叔父が埋葬されているからか、墓参りや法事には遺された人たちが故人への気持ちを整理する役割がある、と思うようになった。

会ったことがない人の法事だと実感がわかない（ASDの人に多い）、堅苦しい場にじっとしているのが苦手（ADHDの人に多い）といった理由で気が進まないかもしれないが、**親族の立ち居振る舞いを観察するいい機会だし、自分の親のときの参考になると考えて少しずつ参加してみよう。**

実は筆者の夫も、コロナ禍の少し前から高齢になった親の付き添いで墓参りに同行するようになったことがきっかけとなり、以前よりも親戚付き合いをするようになった。

夫と年賀状や写真を見ながら、「この前会って食事をしたよ」「お子さんは今○○にいるんだって」と親戚についての話題も増えているので、墓参りや法事というのは親戚付き合いのきっかけになっているのを実感している。

この手の付き合いは人によっては大きな負担になる（ASDの人に多い）から無理は禁物だが、親が倒れたときや亡くなったときのことはある程度考慮しておこう。

第3章

介護スタート時の困ったを何とかしたい！

介護開始前後
～親が倒れたときのこと

親の老化は少しずつ、しかし確実に訪れる。介護は突然の入院から始まることも多いため、入院や暮らしのサポートに必要な事項をまとめた。特に金銭や介護の役割分担はトラブルなどにつながりやすいので事前に確認しておこう。

親が家電を買い替えたが操作できず、教えても覚えてくれない

対策

- 買い替える前の機種に近い操作性で動く品を買う
- 親の行動を観察し、負担にならない操作だけを教える

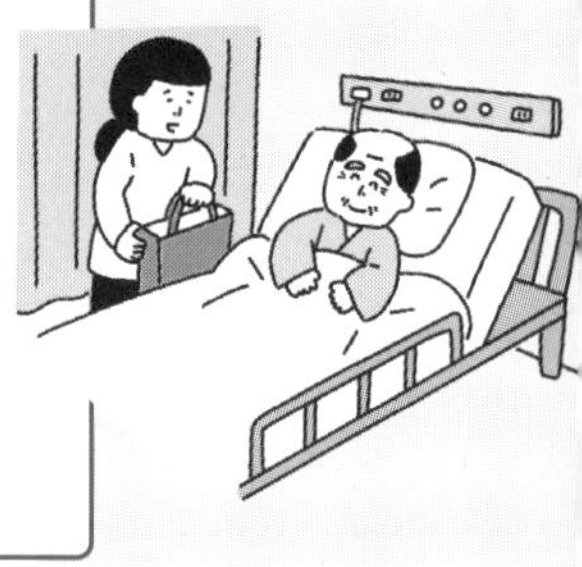

事例　便利だと思ったのに……

実家で10年以上使っていた洗濯機が故障したので、これを機に乾燥までできるドラム型がいいだろう、と親と相談した上で買い替えた。

ところが、「どのボタンを押せばいいかわからない」「後から洗濯物を入れられない」と何度も電話が掛かってきて、その都度教えなければならない。

おまけに「乾燥まで自動だから」と言っても、「分け洗いしたくても時間がかかるし、電気代がもったいない」と言って、結局乾燥が始まるとすぐに停止ボタンを押して干し始めてしまう。

以前もLINEを覚えてくれたらいろいろ便利だろうと、スマホに買い替えて高齢者向けのスマホ教室に行ってもらったこともある。

ところが電話の掛け方をきちんと覚えられず、今でもこちらで登録した番号にしか掛けられない。

前はもっと新しいことに意欲的だったのに、最近は「無理。ついていけない」とすぐに音を上げてしまう。いったいどうしたらいいのだろう。

原因　親にとって複雑な手順だった。親の苦手なことを子どもが把握していなかった

最新機種は使いこなせればとても便利で快適だが、その分手順が多く、使うための事前設定が必要な場合が多い。また、高齢者の場合、長年の習慣に則って行動しているため、その習慣が大幅に変わると、今まではできていたことが

難しくなることがある。
よくあるのが、

- 縦型洗濯機→ドラム型洗濯機（タッチパネルなどの操作や設定が難しい）
- ガスコンロ→IHヒーター（炎が出ないから火加減が見えにくい、パネル操作に手間取る）
- やかん→電気ケトル（ケトルを直火にかけることがある）

で、いずれも親が操作する際に頼りにしていたボタンを押すときの形や感覚の情報がなくなった、電気ケトル→やかんと同じだと思ったから火にかけた、といった子ども側からすると「なんで！」と思うような理由が隠れている。

「ひょっとして認知症になったの？」と不安になるかもしれないが（ASDの人に多い）、もともと親世代の人は具体的なものを操作する際は動作（運動＋触覚）に加えて音（聴覚）や炎などの色や形（視覚）、臭い（嗅覚）、ボタンの位置（視覚＋運動）といった情報を組み合わせて習得しているので、そのうちのたとえ一部でも変わってしまうと戸惑ってしまう。そのため、機械操作ができない＝認知症の発症とは必ずしも限らない。

家電の買い替えは親にとっては環境変化に相当すると認識し、**親が何を頼りにものを操作しているか、何が苦手なのかをよく観察すること**が重要だ。「観察しても全体を見ていない」（ADHDの人に多い）、「行動は見えるけれど、その背景となる理由がわからない」（ASDの人に多い）場合、同様なケースを参考に解決策を考えてみよう。

ただ、このような対応をしても解決が難しい場合は認知機能が衰え始めた可能性が高い。自分たちだけで解決しようとせず、地域包括支援センターやケアマネジャーなどに相談してヘルパー派遣などを検討しよう。

解決法　買い替える前の機種に近い操作性で動く商品を買う

高齢者の場合、機械操作に対して苦手意識を抱えていることが多く、特にボタンがズラッと並んでいるとそれだけで拒否反応を示すことがある。

また、家電の操作性はメーカーによってかなり異なり、お店で実際に触ってもらうと結局使い慣れたメーカーの製品を選ぶことが多い。

筆者も母が少し前に「洗濯機が故障したから買い替えたい」と言うので、一緒に家電量販店へ出向き、

- サイズ（設置スペースや容量）
- ボタンの位置
- ふたの開閉のしやすさ
- 洗濯物の出し入れ時の姿勢
- 欲しい機能（縦型＋部屋干し機能を希望）

を確認した。

結局母は「操作が感覚的にわかるから」と長年利用していたメーカーの商品を選んで使っている。

事例の場合も、**買い替える前に親の洗濯時の行動を観察する、お店へ同行して本人に実際に触ってもらう**、という対応をしていたら、親が使いやすいものを選べたかもしれない。

「でも、もったいないから今使っているものを活用したい」と言うなら、よく使うボタン以外をマスキングテープなどで隠す、親の操作に合うプログラムをこちらで設定して、押す順番に色が異なるシールを貼って「このシールの色順にボタンを押して」と伝える、それでも難しいなら縦型に買い替える、もしくはヘルパーさんに手伝ってもらうといった対応が適切だろう。

親の行動を観察し、負担にならない操作だけを教える

高齢者の場合、得意・不得意の差が激しくなるため、**本人が無理なく覚えられることだけをまず教えよう**。「こんなこともわからないの？」と思っても（ASDの人に多い）、「苦手なのだから仕方ない」と気持ちを切り替えよう。

筆者の母はタッチパネルが苦手で、「本当に押したかわかりづらい」「なんでボタンの位置がコロコロ変わるの？」とよく不満を漏らしている。

また、「1つのアイコン（アプリ）に複数の意味や機能があるとよくわからない」と言うので、スマホに替えた際にLINEなどを教えるのは諦め、代わりに文字を送る機能としてSMSの操作を教えた。

SMSは送り先が電話番号のため理解しやすく（アカウントの概念は母には難しかった）、文字メッセージを送るというシンプルな機能のため母にもわかりやすい。幸いキーボード入力はできたのでBluetoothキーボードを使って練習したら、「これは便利ね！」と喜び、以来家族や友人たちとの連絡に活用している。その後、スマホ画面からの入力も少しずつ自分で練習して外出先からメッセージを出すことも覚え、文字のほうがミスが少ない連絡（予定や買い物など）はSMSを使っている。

また、母の場合、物理ボタンの

ホームボタンが必須のため高齢者向けスマホを選び、よく使うアプリ（電話、SMS、検索サイトなど）だけ見られるようにもともとのホーム画面ではなくランチャーアプリを入れてカスタマイズした。

スマホは便利な一方で決済サービスやネットショッピングなどトラブルにつながるリスクもあるので、定期的に操作について様子を見ながら確認し、親が操作に困っていないかを聞き出すようにしよう。

カスタマイズした母用のスマホ画面

操作しにくい機械を使いやすくする工夫

・よく使うボタン以外をマスキングテープなどで隠す
・押す順番に色が異なるシールを貼る

親が突然入院したが、どうしたらいいかわからない

対策

- キーパーソンを決めて役割を話し合う
- 必要品を購入した領収書を保管して記録を付ける
- ケアマネジャーや医療相談室に相談する

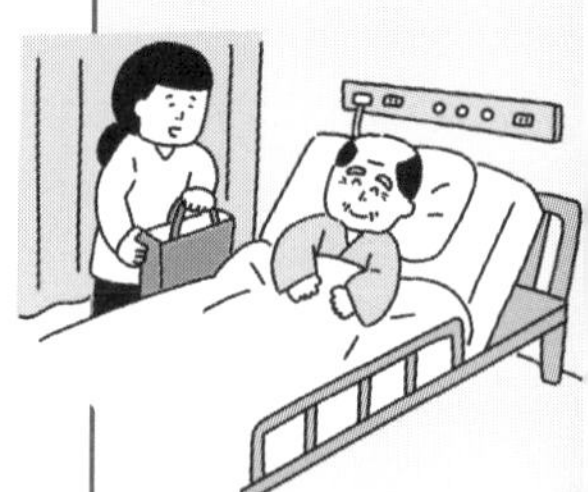

事例 慌てて病院へ駆けつけたが……

ある日の仕事中、「お父さんが倒れて入院したの！」と母がオロオロした声で突然電話を掛けてきた。

何とか入院先を聞き出し、上司に状況を伝えて取るものも取りあえず病院へ駆けつけたが、母もほぼ着の身着のままで、呆然としている状態だった。

その後母や兄弟と医師の説明を聞いた後に母を手伝いながら入院手続きの書類を記入したが、まさかこんなに早く親が入院するとは思わなかったので、正直何から手を付けたらいいかわからない。これからいったいどうなるのだろうか。

原因 親が入院する状況を想像できなかった

親が年老いてくればいつか入院するかも、というのは**頭では理解していても、具体的に想像しながら準備をしている人は少ない。**

筆者の夫はよく「そのとき考えればいいさ！」と言うが（ADHDの人に多い）、いざそうなったときはたいてい慌ててしまう。やはり親の入院はある程度想定し、親兄弟と役割分担を決めてスムーズに対応できるように準備をしておくといいだろう。

また、つい入院した親にばかり注意が向きがちだが、自宅に残されたもう片方の親もストレスなどで体調を崩してしまうことがある。その場合はためらわずに相談機関の支援を求めよう。

解決法 キーパーソンを決めて役割を話し合う

介護の際に相談すると必ず先方から質問されるのが「**主たる介護者**」と「**キーパーソン**」についてだ。「何が違うの？」と思うかもしれないが、主たる介護者は実際に要介護者の身の回りの世話をするのに対し、キーパーソンは医療や介護について家族側の意向をまとめ、医者やケアマネジャーなどと交渉・調整をするといった業務を担う。もちろん一人が兼任することもあるが、筆者が父を介護していたときは主たる介護者→母、キーパーソン→筆者と手分けした。

父は感覚過敏の傾向が強かったため（ASDの人に多い）、入院時、母には父の部屋の片付けと、状況に合う服・小物の選定や着替えの準備や洗濯などを担当してもらい、筆者は病院へのお見舞い（着替えや荷物の運搬も含む）や家族（母・姉）との話し合い、会計（費用の記録や医療保険の手続き）、関係者との交渉やケアマネジャーとの連絡、転院先や施設の見学といった事務作業や渉外関係を担当し、姉は筆者がどうしても動けないときや土日の着替えの交換などを担当した。

「そんなにいろいろできるかな？」と思うかもしれないが（ADHDの人に多い）、キーパーソンが必須なのは、

- 契約関係（専門機関との交渉や入退院の手続き）
- 介護方針決定時（家族内の話し合い）

なので、兄弟がいれば話し合って実務関係（会計、買い物、施設見学、手術の立ち会い、残っている親のケアなど）を振り分け、一人で担うなら洗濯などは業者やレンタルを活用しよう。

主たる介護者とキーパーソンの違い

実際に要介護者の身の回りの世話をする人
主たる介護者
家族側の意向をまとめ、医者やケアマネジャーなどと交渉・調整を行う人
キーパーソン

交通費メモの例

20××年○月△日
A駅→B駅
電車　320円
B駅→C病院
バス　240円
C病院→実家
バス　180円
実家→A駅
電車　260円
（合計　1,000円）

必要品を購入した領収書を保管して記録を付ける

入院の場合、衣類や洗面道具、テレビカードやおむつ代などはもちろんだが、家族の交通費や外食費といった諸費用が意外とかさむ。**親の医療や介護関係にかかった費用はできるだけレシートや領収書をもらい**、もらえない場合（電車やバスの費用など）は右のような交通費メモを作ってエクセルなどで記録し、定期的に報告して精算してもらおう。

「そんなの面倒くさい」と思うかもしれないが（ADHDの人に多い）、お金のことを曖昧にしていると後でトラブルに発展しやすい。相続手続きなどの際にも記録が必要になることがあるため、介護経費のつもりで記録するといい。

筆者は親の許可を取って見舞金などを預かり金にして細かい費用（駐車料金など）を支払い、入院費など預かり金では賄えない分は立替えて、後日お金の流れを明確にするため振込などで精算してもらった。

病院によってはクレジットカードなどを使えるところもあるが、現金しか受け付けてくれないこともあるので、両親や兄弟と、

- 親の医療や介護費用は親の資金から支払うという原則
- 立替金について誰がどう処理するかの精算ルール

について確認し、ルールに関して態度が曖昧な人がいたらキーパーソンを断る、もしくは相続の際に精算を主張するといった毅然とした態度を示すくらいの気持ちで臨もう。

ケアマネジャーや医療相談室に相談する

以前、突然父が大動脈解離で倒れて入院したとき、まず頼ったのが父の**ケアマネジャー**だった。た

またま入院する4カ月ほど前から担当していたが、父の性格はもちろん家庭の事情もよく理解してくれていたので、今後のこと（転院先や施設探しなど）について的確なアドバイスをもらったり、転院先でのカンファレンスにも参加して助けてもらった。

入院中は訪問介護などは利用できないので、「介護保険は退院後に申請すればいいのでは？」と思うかもしれないが、実は入院中に介護保険を申請すれば、その分早く転院・退院に向けた支援を受けられる。

介護保険が未申請ならぜひ**医療相談室**に出向いて事情を相談し、アドバイスをもらおう。「親はまだ若いから使えないかも？」と不安になるかもしれないが、65歳未満でも条件に当てはまれば適用になる。状況によっては障害者手帳や障害年金を申請する場合もあるので、相談したいことを事前にまとめておこう。

医療相談室は当日でも相談に応じてもらえることもあるが、多くの医療機関では予約制になっていることが多い。筆者も最初は予約して母と相談に出向き、その後は電話を中心にやり取りをした。

残っている親の状況が不安な場合も地域包括支援センター（介護保険を利用中ならケアマネジャー）や医療相談室に相談し、利用できるサービスがないかを問い合わせてみよう。特に残っている親の要介護度が重い場合、ショートステイや見守り支援などの利用も踏まえて介護内容の見直しも検討しよう。

Column

医療相談室を活用しよう

本文でも何度か「医療相談室で相談を」と触れてきたが、中には「それってどこにあるの？」と思った人もいるかもしれない。医療相談室は原則、入院施設がある病院に設置され、主に看護師や社会福祉士の資格を持った医療ソーシャルワーカー（MSW）が担当している。

入退院の相談はもちろん、介護保険申請や退院後の生活面の不安といった、治療を進める際に妨げとなる悩みを聞いた上で対応を考えるための場所で、病院でのケアマネジャーのような存在と考えるとわかりやすいだろう。

病院によっては地域連携室という名称のこともあるが、たいていの場合、入退院手続きなどの書類や総合案内などに相談窓口の案内（プリントなど）が入っているし、ネットなどでも「病院名＋医療相談」で検索すれば相談室の紹介が出てくることが多い。

相談は直接窓口へ行ってもいいが、予約優先のことが多いため、案内先に連絡して予約するのが無難だ。相談したい内容がたくさんあって優先順位が決められない（ADHDの人に多い）、うまく口頭で伝えられない（ASDの人に多い）なら、あらかじめメモを作り、先方に見せるといいだろう。

特に入院するまで介護保険を利用していなかった、金銭的な問題がある、退院後の親の介護が困難といった事情があるときにはためらわず早めに相談に行こう。

親のお金の状況がわからない

対策

- 金銭管理に関する制度を活用する
- 親の介護イメージと介護にかかる費用の情報を共有する
- 親族間で金銭管理やお金の記録に関するルールを決めておく

事例 今後の計画を立てたいのだが……

父が突然入院して少しした頃、母から「お父さんから毎月生活費を渡されていたけれど、そろそろ残りのお金が少なくなってきたの。でも、お父さんの銀行口座がよくわからないし、預金残高なども聞いたことがない」と打ち明けられた。

入院時に預かった父の財布を確認すると銀行のキャッシュカードは出てきたが、ネット銀行だから通帳では残高を調べられず、暗証番号もわからない。

「きっと他にも銀行口座ってあるよね？」と母に確認したが、金銭関係はすべて父に任せきりにしていたらしく、首を振るばかりで要領を得ない。

今後の入院費や万が一の場合は葬儀代も必要になる。

これからのことを考えるにしても親の資産状況や預金残高がわからないとどうにもならないだけに、焦ってしまう。いったいどうすればいいのだろう。

原因 親とお金の話をする機会がなかった

お金の話は家族間でもどこかタブー視されがちで、夫婦間でもお互いの資産状況を把握していないことは意外と多い。きちんと貯金をしていればいいが、共稼ぎ夫婦でそれなりに収入があると、「相手が貯金しているだろう」とお互いを当てにして稼いだ分だけ使ってしまい、いざ確認したら資産が少ないこともある（ADHDの人に多い)。**やはりお金については、いざというときに信頼できる相手に情報開示できる備えが必要なことを家族に認識してもらおう。**

自分が知りたいからと突然お金の話をする(ASDの人に多い)と「親の金を狙っているのか?」とかえって疑われることもある。率直にお金の話ができる=信頼関係があるということなので、まずは親との信頼関係を作ることから始めていこう。

解決法 金銭管理に関する制度を活用する

医療費の場合、高額療養費制度や限度額認定証発行といった高額になりがちな医療への助成制度がある。ただし、事例のように生活費も含めたお金が必要な場合は、本人の同意は必要だが家族名義で**代理人カード**を発行してもらったり、委任状を出してもらったりして引き出す方法を検討しよう。

ただ、意識がない、あるいは認知症が進んで本人との意思疎通が取れない場合はこの方法は使えない。

「この状態だと口座凍結になってお金を引き出せないのでは?」と混乱するかもしれないが(ASDの人に多い)、2021年に一般社団法人全国銀行協会(全銀協)が指針を出したこともあり、入院費用や生活費なら柔軟に対応してくれる可能性が高い。銀行に問い合わせて事情を説明し、次ページに挙げたものをそろえて、当面必要な医療費と生活費だけでも引き出そう。

また、事前に緊急時に必要な預貯金の引き出しについて親の同意を書面化した上でキャッシュカードの情報を教えてもらう、親と覚書を作成した上で預かり金として一定額を新規開設した口座へ入金

高額療養費制度のしくみ

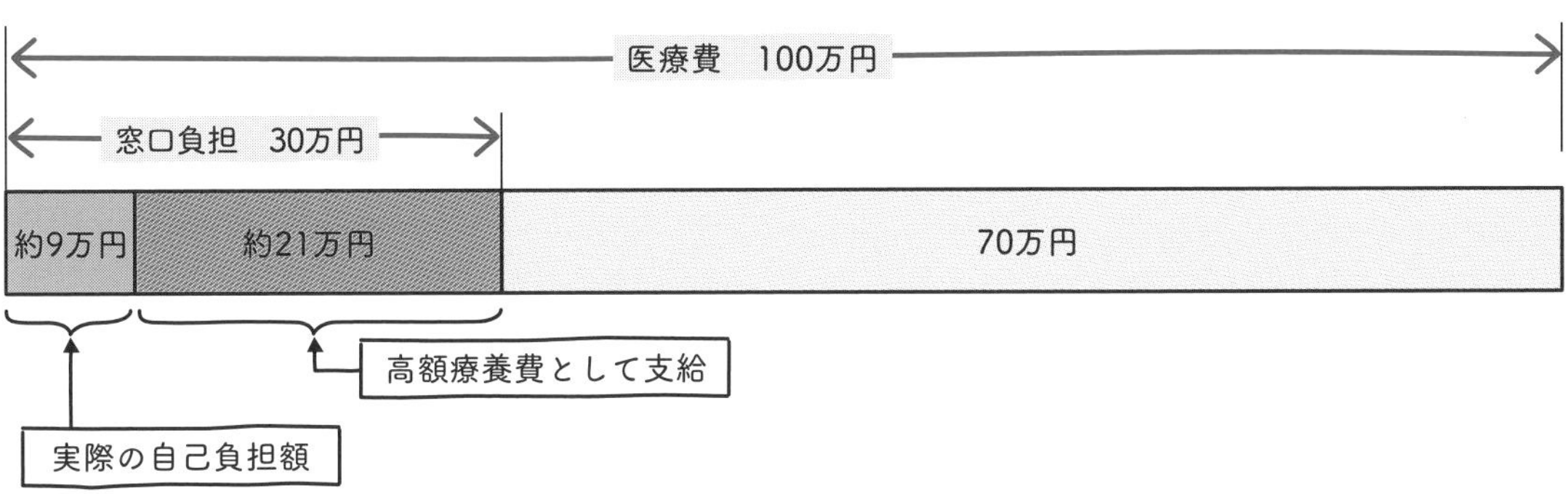

預金者本人以外の人による預金引き出しの際に必要なもの

預金者本人の

・通帳

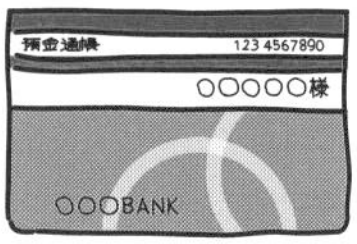

・キャッシュカード

・お届け印

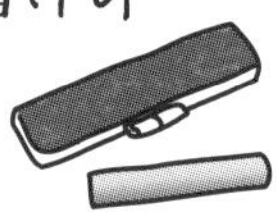

来店する人の

・本人確認書類

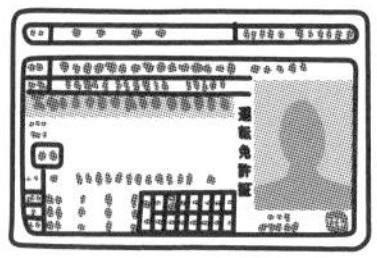

・預金者本人との関係性がわかる書類

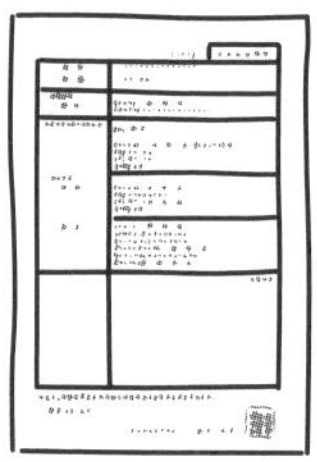

お金が必要なことがわかる書類

入院や介護施設費用の請求書など

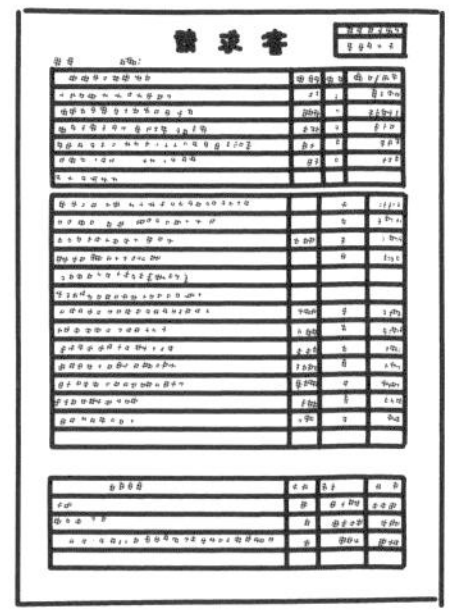

家族信託のしくみ

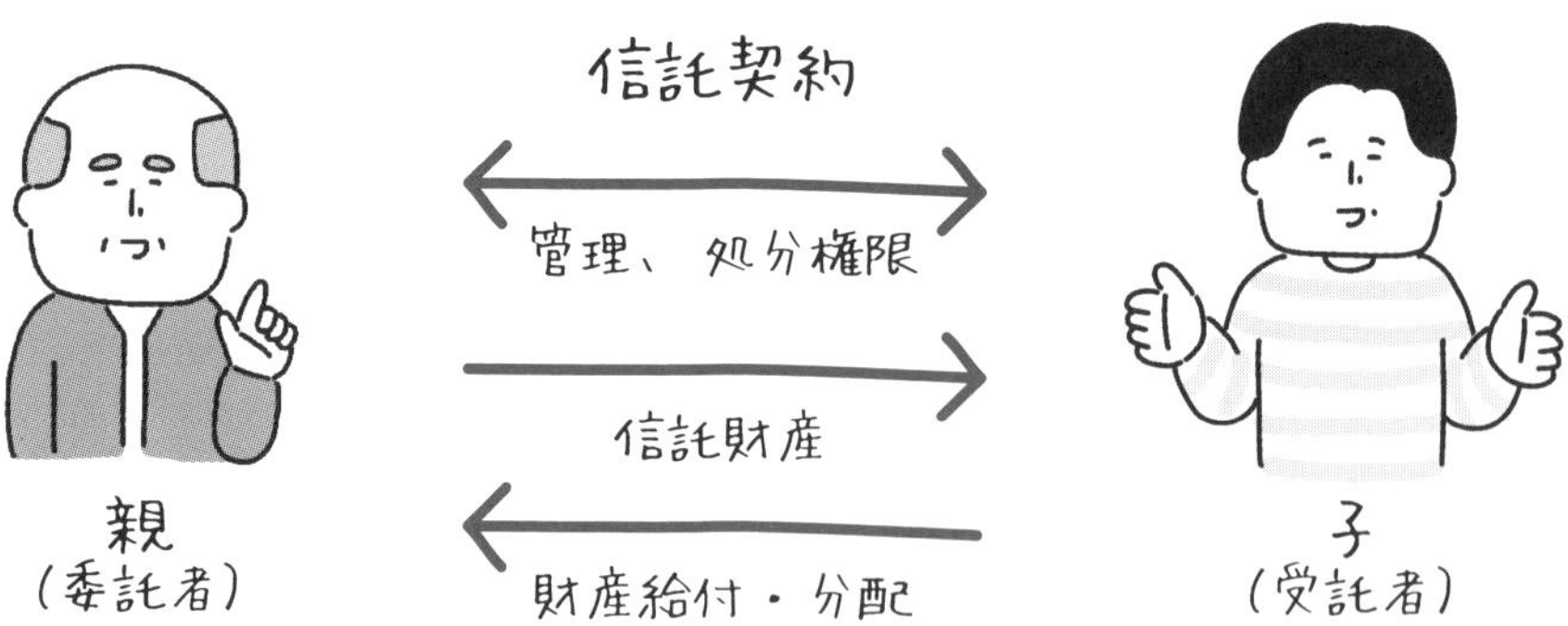

する、家族信託制度を利用する方法もある。筆者の母も80歳になったのを機に筆者と移行型任意後見契約を公正証書で交わし、筆者と相談しながら金銭管理を行っている。

いずれも事前準備や専門家への相談などが必要で費用もかかるが、親の意向に沿った形で万が一の際、必要なお金を用意できるのでお勧めだ。

親の介護イメージと介護にかかる費用の情報を共有する

親から「子どもはお金の心配をしなくてもいい」と言われて真に受けているかもしれないが（ASDの人に多い）、親の資産状況では親が希望する介護サービスを利用できない場合がある。

生命保険文化センターの調査によると介護費用の平均は1人当たり毎月8・3万円、介護期間は5

介護に要した費用

●月々の費用

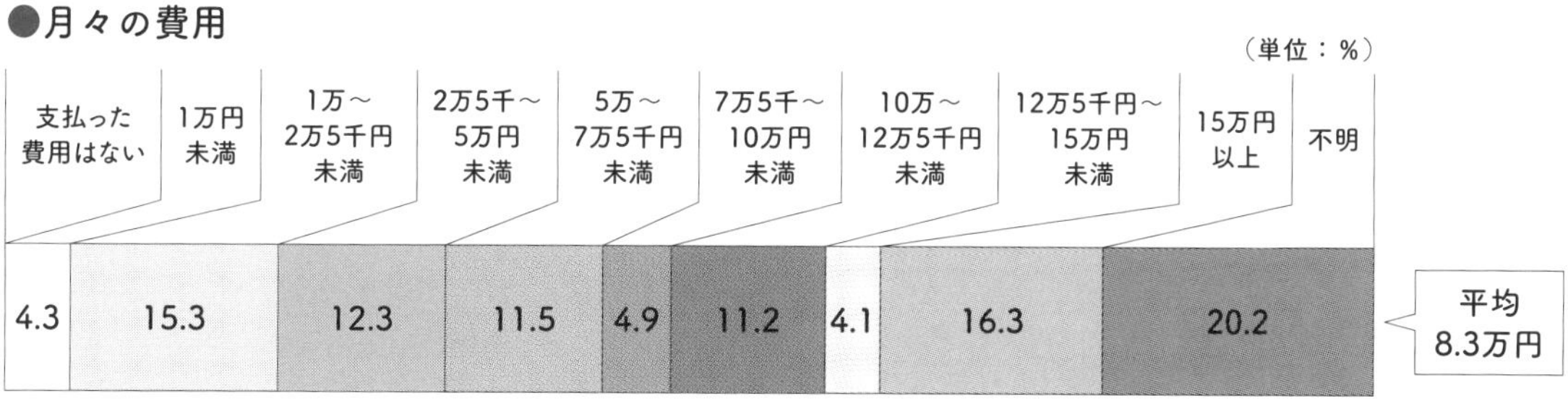

注：それぞれ「掛かった費用はない」、「支払った費用はない」を0円として平均を算出
出典：生命保険文化センター「生命保険に関する全国実態調査」／2021（令和3）年度

介護に要した期間

●介護期間

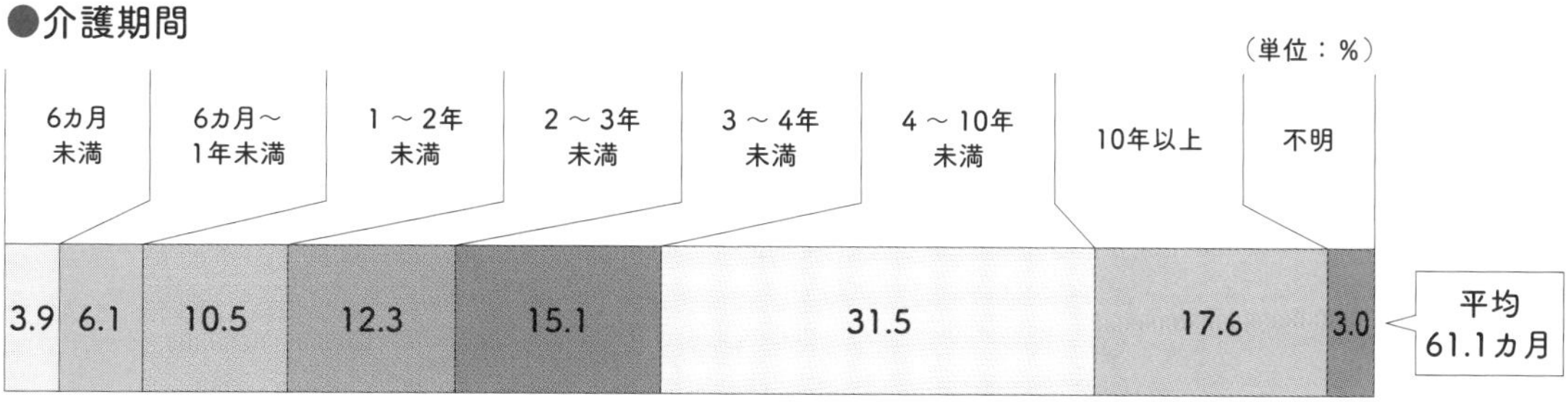

注：介護中の場合は、これまでの介護期間による回答
出典：生命保険文化センター「生命保険に関する全国実態調査」／2021（令和3）年度

年1カ月で、合計するとおおよそ500万円になる。

これに入院時の費用や住宅リフォーム、介護用品の購入やレンタル費なども加わり、施設に入所すればさらに施設利用料がかかる。金額の目安がわかると親も現実的な話をしやすいから、折を見て親に「こんな話を聞いたけれど、うちは大丈夫？」と**介護関係の雑誌やサイトなどを見せながら確認してみよう。**

親がどんな介護を希望しているかを少しずつ聞き出しながら費用の目安を共有すれば、「いずれ転居するかも」「お金の管理を子どもに頼むかも」と見通しが立ち、片付けやお金の話も話題にしやすくなる。介護サービスを選択する際の基準にもなるので、「希望をすべてはかなえられないので意味がない！」と思っても（ASDの人に多い）、親の話に耳を傾けてみよう。

お金に関する取り決めを明確にする

「親が突然入院したが、どうしたらいいかわからない」の項でも触れたが、親の介護に関する費用は親自身が出すのが原則だ。

しかし、

- 親の保有する資産が自宅の土地と建物が大半で預貯金が少ない
- 長期間の入院や施設入所になってしまったら親の資産だけでは厳しい

という場合、

- 誰が金銭管理をするのか？
- 介護の協力体制（費用負担の方法など）をどうするのか？

といった**金銭管理やお金の記録に関するルールを決めておく**必要がある。

「うちは兄弟仲がいいから大丈夫」と楽観視しがちだが（ADHDの人に多い）、介護に限らずお金がきっかけで親族トラブルに発展するケースは後を絶たない。

仕事を休んで真面目に介護をしているのに、他の親族から「お金を遣い込んでいるのでは？」と疑われては浮かばれないし、長期間にわたれば「なんで自分ばかりが親の世話をしなければならないの

情報やルールを「見える」化する

家計簿アプリを
家族間で共有する

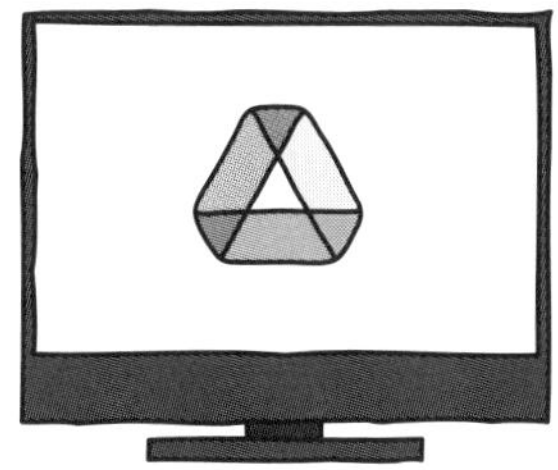

共有ドライブに
レシートや請求書などの
画像を保存する

LINEのグループなどに
介護内容や買ったものの
画像を投稿する

任意後見契約
などの公正証書を
取り交わす

か……」と不満を持つ可能性も高い。お金も含めた介護状況を共有し、介護の現状や家族のケアについて理解してもらおう。

お勧めはマネーフォワードといった家計簿アプリの家族間共有、共有ドライブへの出入金記録のファイルやレシート・請求書の画像保存、LINEのグループへの介護内容や買ったものの画像投稿、任意後見契約などの公正証書の取り交わしといった**情報の可視化やルールの明示化**だ。

トラブルが起きたときも証拠があればそれをたどれるし、公正証書があれば「このルールに沿って管理されているはず」と確認できる。

「そんなにきめ細かくできない」（ADHDや計算LDの人に多い）ならお金の集計は兄弟に依頼する、役所などへ行くときに同行してもらう、といった役割分担を決めて対応するようにしよう。

親の退院にどう備えれば いいのかわからない

対策

- ケアマネジャーや医療相談室に相談する
- 介護用品の展示室へ出掛ける

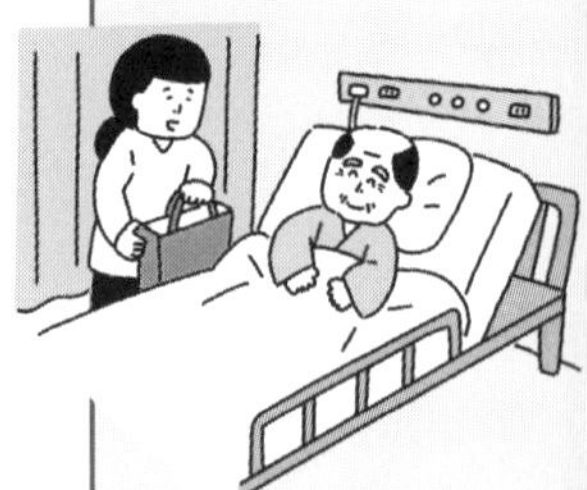

事例

突然「退院して」と言われたけれど……

父が入院して2週間ほどしたある日、主治医から呼び出されたので出向いたところ、「病状が落ち着いてきたので、そろそろ退院を考えてください」と突然言われてしまった。

確かに倒れたときよりは元気になったが、ときどき辻褄が合わないことを言い出すし、歩行もおぼつかない。

「普段は両親だけなので、自宅での看病は難しいと思います」と答えたら、「では、医療相談室で次の行き先を相談してください」と一方的に話を打ち切られてしまった。

せめてもう少しリハビリをしてもらえるところで過ごしてほしいし、その後でも果たして自宅で暮らせるのかもよくわからないから詳しい人に相談に乗ってほしい。母も心細そうだし、いったいどうすればいいのだろうか。

原因

今の医療・介護体制を知らなかった。医療関係者と症状の捉え方が違っていた

現在の日本では、救急医療の場合、**2週間～1カ月前後で退院もしくは転院するのが一般的で、慢性疾患の場合はさまざまな制度やサービスを活用しながら在宅で療養することも当たり前**になりつつある。

しかし、はじめて介護する側にしたら「こんな状態で家に戻られ

ても」と不安になるばかりだし、そもそも自宅が介護向けになっていない状況だ。

　また、医療・介護側からの「元気になった」というのは**発症時の状態から改善した**という意味なのに対し、家族からすれば発症前の状態が基準なので「どこが元気になったの？」と感じるのも無理はない。

　ただ、発症直後の治療中心の急性期病院には次々と新たな患者が運び込まれるため、その人たちが治療を受けられるよう、症状が落ち着いたら方針を決めて次の場所へ移る必要がある。特にそのまま自宅へ戻れない場合、本人の状況に合う医療や福祉の施設を探して申し込み、必要なものを準備しなければならない。

　「そんなことを言われてもどこへ行けばいいのさ！」と苛立つかもしれないが（ADHDの人に多い）、「親が突然入院したが、どうしたらいいかわからない」の項でも触れたようにケアマネジャーや医療相談室をフル活用し、情報を整理しながら作業を進めよう。

解決法　ケアマネジャーや医療相談室に相談する

「親が突然入院したが、どうしたらいいかわからない」の項でも触れたが、親の看病や介護で困ったときには**ケアマネジャー（介護保険申請前なら地域包括支援センター）や医療相談室へ相談する**のが原則だ。

　ただし、受け身の姿勢では「いい情報をもらえなかった。不親切だ」（ASDの人に多い）となってしまう。

　相談に当たっては、

- 現在の病状
- 家族構成（家系図を描くとわかりやすい）とキーパーソンの連絡先
- （判定後なら）要介護状態
- 親世帯の経済状況
- 親の性格や特性（感覚過敏やこだわりなど）
- 家族としてできること、難しいこと

を伝えると先方も事情に合わせた情報を提供しやすくなる。

　筆者も父が入院した際はまずケアマネジャーに相談したところ、施設入所の可能性も視野に入れて

ケアマネジャーなどへの相談時に伝えるべきこと

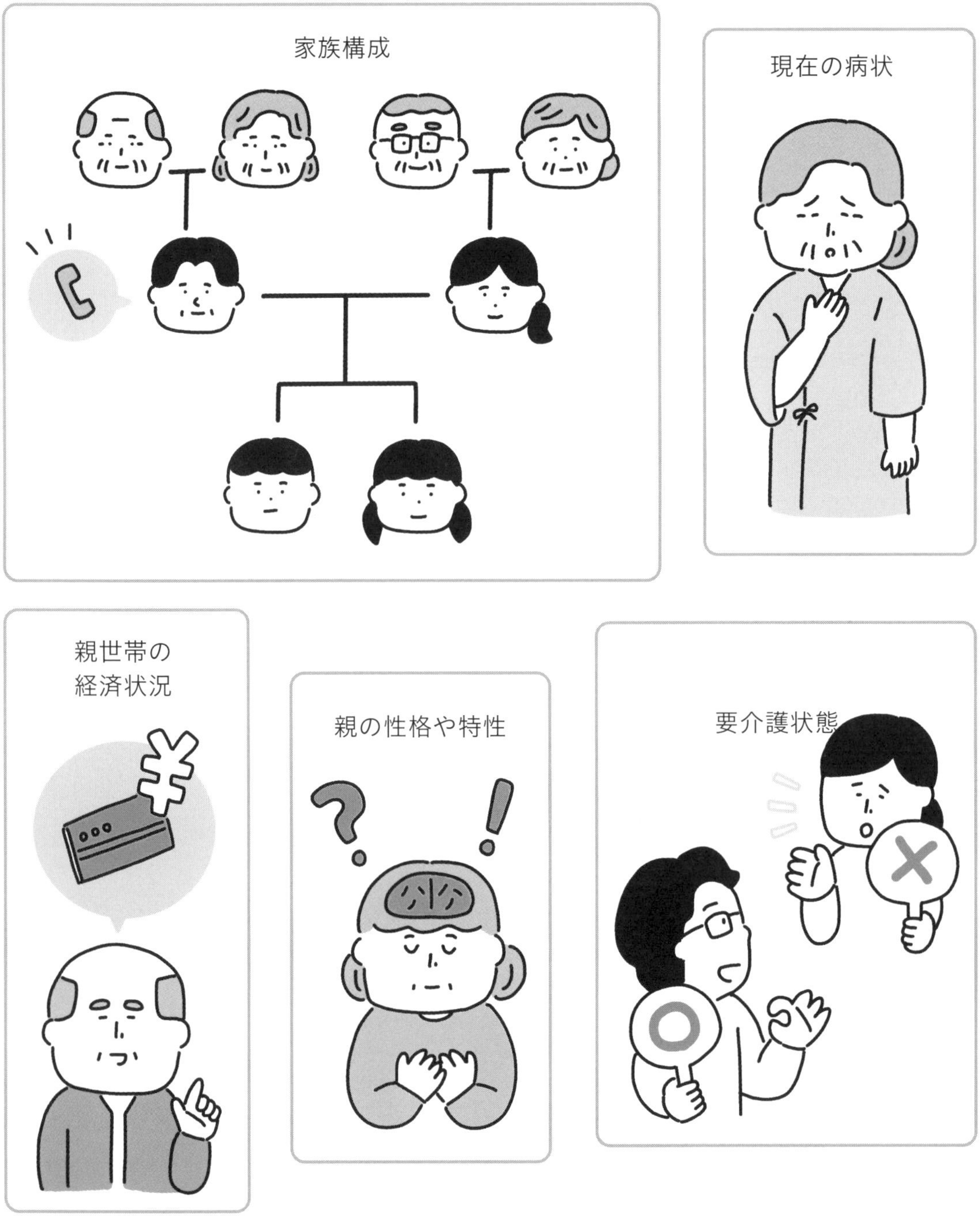

転院先を探すようアドバイスされた。

次に医療相談室（59ページ参照）に出向いて事情を説明し、条件に合う転院先を提案してもらった。

医療相談室は患者である親の状況、ケアマネジャーは主に客観的に見た家族の状況と、判断する観点が異なるため、異なるアドバイスが出ることもある。

高齢者の場合、本人は自宅へ戻りたがるが、一度体調を崩すと次々症状が出てくることも多い。

転院先にいる間に在宅介護の受け入れ態勢が整えられるかどうかも踏まえて相談に臨もう。

介護用品の展示室へ出掛ける

自宅介護を検討するなら、転院先や老健施設などでリハビリなどを受ける間に**住宅改修や介護用品を活用して自宅での介護準備を整え、頃合いを見て自宅に戻って介護サービスを利用しながら暮らす**という選択もある。

介護保険は訪問介護やデイサービス以外にも住宅改修や介護用品のレンタル・購入にも利用可能で、自治体によっては独自の追加支援策を設けていることも多い。筆者の母も「高さや角度を自由に変えられるから」と介護ベッドを希望したが、要介護度の都合で介護保険が利用できなかったため自治体のサービスを使ってレンタルしている。

しかし、カタログなどで「こういうものを利用すればいいですよ」と介護用品を提示されてもイメージがわかないし、カタログの情報だけでは使い方やサイズなどはわかりづらいため、実際に実物を見たら「思ったのと違う！」となりがちだ（ASDの人に多い）。

介護用品店にも見本は展示されているが、より幅広い製品が展示されている自治体や社会福祉協議

介護保険サービスの種類

訪問サービス	訪問介護（ホームヘルプ）、訪問看護、訪問入浴介護、訪問リハビリテーション
通所サービス	通所介護（デイサービス）、通所リハビリテーション
短期入所サービス	短期入所生活介護（ショートステイ）、短期入所療養介護
福祉用具サービス	福祉用具貸与、特定福祉用具販売
民間施設サービス	特定施設入居者生活介護

会などの**介護用品展示室へ行く**のがお勧めだ。

筆者の夫も「ご両親、こんなものを使うといいのでは？」といくら介護用品の話をしてもピンとこなかったため、自宅から一番近い介護用品展示場へ連れて行き、介護用品を本人に触ってもらいながらスタッフに説明してもらった。

実物を見ると「こんな手すりがあると動きやすそう」「意外と場所を取るから部屋を片付けないといけないな」と、より具体的な行動につながりやすいし、スタッフからは使用者の感想や「こちらのほうが実用的」といったカタログには掲載されていないリアルな情報を得られることもある。

「展示室で見たこんなものを利用したい」とケアマネジャーに相談する幅も広がるし、親に適切に説明するためにもぜひ足を運んでみよう。

Column

介護保険以外のサービスも多様化している

介護保険サービスには細かい規定があり、たとえば脚立を出して作業する掃除は介護保険対象外だ。筆者の母も「エアコンのフィルター掃除やカーテンの洗濯もダメなのね！」と驚いていた。

ただし、介護保険対象外の自費ヘルパーなら対応してもらえることが多い（1時間当たり税別2,000～3,000円程度が相場）ので、できるサービスを確認するといいだろう。

また、最近は便利屋でも高齢者向けサービスを展開しているところがある。筆者も以前、実家にあった家具の移動を便利屋に依頼したことがあるが、その際、「よかったら」とパンフレットを見せてもらったところ、「こんなことも頼めるのか！」と驚いたことがあった。意外とスポット的なサービスでも頼めるので、「自治体名＋やってほしいこと（例：庭木の手入れ）」で調べてみよう。

他にも行政サービスの情報も積極的に集めておくといい。住んでいる自治体にもよるが、65歳以上で条件に合えば、（自治体によって異なる）

- 介護ベッドのレンタル
- ゴミの個別収集（玄関までゴミを取りに来てくれる）
- バスやタクシーの割引サービス

など、生活面の支援サービスを利用できる場合がある。

この手のサービスは意識しないと見落とすことが多いので、定期的にインターネットで検索をしてみたり、ケアマネジャーやヘルパーに聞いてみたりするといいだろう。

第4章

介護に伴うコミュニケーションの困ったを何とかしたい!

親・親族・ケアマネジャーとの関係

介護が本格的に始まってもさまざまな軌道修正が求められる。思い通りにならない状況に対処するため、周囲の人にどう働きかければよいかをまとめた。仕事と介護を両立できる環境を早く整えていこう。

親の言動にイライラが止まらない

対策

◦ ケアマネジャーや介護経験者に相談する
◦ 介護を親の暮らしを支えるための新プロジェクトと考える

事例 意味がないとは思うけれど……

近所に住む母は最近以前のように家事ができず、それもあってか家の中でふさぎ込みがちになってきた。

だんだん家の中が散らかってきたため、3カ月ほど前から仕事帰りに実家に立ち寄り、たまった家事を片付けている。

母も口では「忙しいのに悪いね」「申し訳ない」と言ってくれるが、やり方が気に入らないのか、せっかく1つにまとめたゴミ袋からものを取り出してその辺に放置したり、作り置きしたおかずに「もっと塩分を抑えてくれないと」などとダメ出しをされたりすると「仕事帰りで頑張っているのに！」とゲンナリしてしまう。

最近親と一緒にいるとイライラすることが増えてしまい、先日も外出する際に「もっと急いで支度してよ！」と思わず言いそうになってしまった。どうしたら親にもっと優しく接することができるのだろうか。

原因 親の心身の変化に親も子も対応できていない

年をとると体の機能が衰える上にあちこちに痛みが出てくる。そのため、

- ペットボトルのふたを開ける
- 足の爪を切る
- 手を伸ばして高いところにあるものを取る

といった少し前なら難なくでき

たことにも時間がかかったり、あるいは一人ではできなくなったりする。一般的にできること＝成長のため、年老いて成長できなくなった自分はダメだと失望してしまい、結果としてふさぎ込むのだ。

しかし、子どもからすればそれまで元気だった親の変化に戸惑い、**なかなか親の感情までは想像できない**。頭では親も年老いたのだからと理解していても、心のどこかで親は自分たちの世話をしてくれるもの、と強く思い込んでいる。

そのため、今までとは立場が逆転して、親の世話をしていることに感情的に納得がいかないことも多い（ASDの人に多い）。

特に発達障害の人の場合、幼い頃に親から厳しく叱責されたケースが多く、親が年老いてできない場面に遭遇すると、かつての経験を思い出し、「あんなにしかっていたくせに！」と**負の感情も引き起こしやすいのだ**。

年をとるとともにできなくなること

解決法 ケアマネジャーや介護経験者に相談する

この手の問題は**感情と状況をまず分けて考え、感情的な話を理解できる人に聞いてもらいながら、現実的な解決策を模索する**のが賢明だ。

この事例の場合には、まずはケアマネジャーに相談し、

- 親の抵抗が少ないものからヘルパーを利用する
- 短時間のリハビリやデイサービスに通う

といった親のニーズに合う介護サービスを検討してもらうといいだろう。

筆者の父は元気な頃は毎日のようにスポーツジムへ通っていたが、熱中症で体調を崩したことをきっかけに通わなくなり、筋力が衰えてしまった。

そこでケアマネジャーと相談して自宅から徒歩で通える通所リハビリテーションを利用し始めた。本人もスポーツジム感覚で通えることに加え、男性スタッフと世間話ができて気晴らしになるからか休まず通っていた。

筆者も父の性格を理解してもらいながら家族の悩みや今後のことなどをケアマネジャーに相談できたことで、かなり家族を客観的に眺められ、現実的な将来像も見えてきた。

親への苛立ちについては専門家に話すのも有効だが、支援者と家族だと微妙に視点が違うため、できたら**同じような立場の人と話す機会を作る**といい。

ASDの人は雑談全般が苦手といわれるが、介護に関する悩みは当事者以外の人とでも悩みが共通しているので、気晴らしを兼ねて

家族がつつがなく暮らすための土台となるインフラ

参加してみるのも手だ。

家族向けの講座や集いは定期的に開催されているので参加してみてもいいし、対面での会話が苦手ならブログなどを書くのもいいだろう。

ただし、

- 親と確執が深く、関わると激しく言い争う
- 親と関わると体調不良になったり気持ちが落ち込んだりする

といった状況なら最悪、介護虐待という事態を招きかねない。

そうした際には地域包括支援センターやケアマネジャーにはっきり介護から手を引きたいと訴え、心身の距離を保つようにしよう。

介護を親の暮らしを支えるための新プロジェクトと考える

家族というとつい感情的な結び付きが優先されがちだが、家族がつつがなく暮らすためには**土台となるインフラが機能している**必要がある。

たとえば、

- 経済状態
- 衣食住の管理
- ルールの設定・運用

といった項目は、うまくいっているときには軽視されがちだが、機能しなくなると途端に家族の仲がギスギスしてしまう原因となる。環境が落ち着かないのに愛情の問題として片付けようとすればひずみが生じるのは、むしろ当然のことだといえるだろう。

ただ、プロジェクトというと仕事のように効率を求めてしまうかもしれないが（ASDの人に多い）、介護の場合には効率よりも親の快適さが指標となるので、親が今の運動機能でも快適に暮らせる環境作りが鍵になる。

たとえば、

- 親の習慣や動線を考慮し、家事をしやすい部屋へと模様替えする
- 高いところにあるものを整理し、使っていないものと入れ替える
- 高齢者向けゴミ収集のサービスを利用する（自治体名で調べると出てくる）

といった本人に合った配慮を行い、**できるだけ親が自分でできることをサポートする視点**で考えよう。

ケアマネジャーにどう相談すればいいかわからない

対策

- ○メールやSMSを使って自分の要望を伝える
- ○訪問時にこちらの要望をメモなどにまとめる
- ○ケアマネジャーの変更も視野に入れる

事例 いろいろ相談しているけれど……

入院中に父の介護保険を申請し、認定調査の結果、要介護の判定が出たので退院を機に介護サービスを利用し始めた。

当初は何もわからなかったので担当のケアマネジャーのアドバイス通りにしていたが、最近どうも父の状態に合っていないと感じることが増えてきた。

父も「もう少し家の中が動きやすくなるといい」と言うが、どうしたらいいか自分ではよくわからない。

ケアマネジャーからも「わからないことがあったら遠慮なく聞いてくださいね」と言われるが、どう相談したらいいのだろう。

原因 お互いの認識が異なっている

介護サービスは国が基準などを定めているとはいえ、サービスの内容は事業所によって少しずつ中身が異なるし、本人の状態も日々変化する。

そのため、当初ケアマネジャーが作成した介護プランが現状に合わなくなることも出てくる。

父親の「家の中が動きやすくなるといい」という要望も、

- リハビリテーションを優先するのか？
- ヘルパーといった人の手を借りることを優先するのか？
- 家の中で自分で行動しやすくすることを優先するのか？

で介護プランは大きく変わって

くる。父親は家の中で自分のペースで暮らしたかったのに対し、ケアマネジャーは自分が所属している事業所のサービスであるデイサービスやリハビリを重視したプランを作ってしまったのでは要望と異なってしまう。

このあたりはケアマネジャーがケアマネジャー以外のどんな資格を持っているかでも視点が変わるので、もしケアマネジャーの考え方が大きく違うのなら、**ケアマネジャーの変更も視野に入れつつ要望を整理して伝える**といいだろう。

解決法　メールやSMSを活用する

ケアマネジャーに口頭だと自分の要望を伝えづらい場合（ASDの人に多い）、**メールやSMSを使って自分の要望を伝える**といいだろう。「メールだと構えてしまって文章を書きづらい（ADHDやLDの人に多い）」のなら、最近はLINEでも連絡が取れることも多いので、画像・動画も使ってこちらが伝えたいことを表現して相手に伝えてみよう。

訪問時にこちらの要望をメモなどにまとめる

ケアマネジャーは毎月自宅訪問をすることになっているため同席するのに越したことはないが、仕事などで難しいのなら訪問の前後に電話やメールなどで連絡を取り合い、親に関する情報を共有しておこう。

「でも、メモの取り方がよくわからない」（ASDの人に多い）、「うまく箇条書きにできない」（ADHDやLDの人に多い）というなら、下記のように事象ー行動ー要望と分けて記してみよう。たとえば、

- 買い物ー重い荷物を持てなくなったー買い物サービスを利用したい
- 歩行ー平地でつまずくことが増えたー通所リハビリを利用したい
- トイレー中腰で服装を整えにくくなったートイレに手すりを設置したい

介護要望メモの例

事象	行動	要望
買い物	重いものが持てない	買い物サービスを使いたい（→ネットスーパーでも可？）
歩行	平地でつまずくことが増えた	リハビリを利用したい
トイレ	中腰で服装を整えにくくなった	トイレに手すりを設置したい

介護要望メモを書く際のポイント

平地でつまずくことが増えた
⇒通所リハビリを利用したい

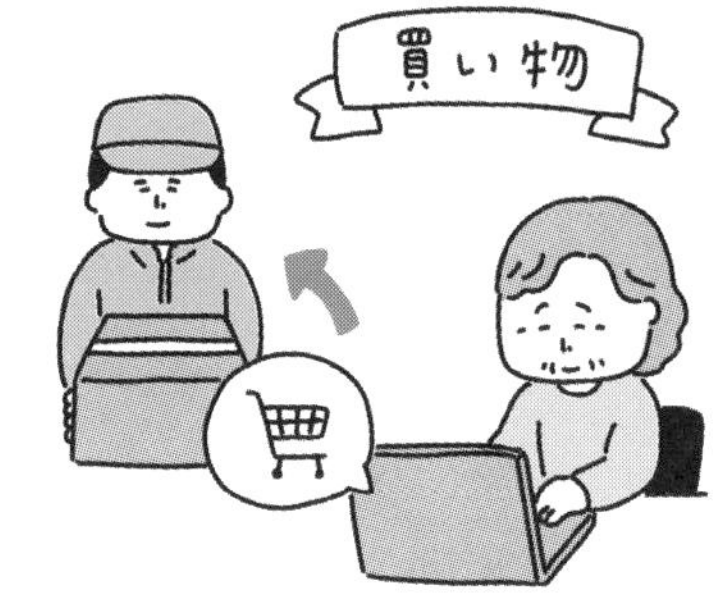

重い荷物を持てなくなった
⇒買い物サービスを利用したい

中腰で服装を整えにくくなった
⇒トイレに手すりを設置したい

と1つの項目に1つの内容に絞り込めば自然と箇条書きになる。
要望をまとめるときも、

- 本人が出掛けるデイサービスやデイケア
- ヘルパー利用など自宅での人的サポート
- 手すり設置など道具によるサポート

といった観点で整理してみるといいだろう。

ケアマネジャーを替えてもらう

「ケアマネジャーってこちらの都合で変更しても平気なの？」と疑問に思うかもしれないが、制度上は問題ないし、実際、相性が合わずに変更という話もしばしば耳にする。

「直接は言いづらいのだけど

ケアマネジャーを決める基準

中立的な立場で意見を述べてくれる
資格
親の家から近い
様子見てきまーす
利用したいサービスに詳しい
Aがいい
Cにしよう
ではBはどうですか？

……」という場合は、事業所の責任者もしくは地域包括支援センターに事情を説明し、状況に合った事業所やケアマネジャーを決めよう。

何を基準にケアマネジャーを決めたらいいのかわからない場合は、

①親の家から近い（気にかけてもらえる＋地域に精通している）

②利用したいサービスに詳しい（ケアマネジャー以外の保有している資格を確認）

③中立的な立場で意見を述べてくれる

といった基準で探すといい。ちなみに筆者がケアマネジャーを選んだ理由は、父の場合は①と②、母の場合は①と③だった。

事例の場合は、まずケアプランが適正かどうかを検討したほうがよいので、③は検討項目に入れるのが妥当だろう。

兄弟や親戚と介護について意見が合わない

対策

○親に関する介護の方針を決める
○介護の現状を伝える

事例　「親不孝」と言われたが……

少し前に倒れた父はリハビリ訓練でかなり機能が回復したため、何とか退院してリフォームした自宅で暮らしている。幸い通所リハビリやデイサービスを活用し、介護用品も本人に合うものを準備できた。

母も当初は「ヘルパーさんが家に来るの？」と不安気だったが、ポータブルトイレの片付けや入浴など、自分が負担になる介護を担当してもらえたこともあり、だいぶ慣れてきた。

しかし、遠方に住む兄弟には「転倒などが心配だから、今のうちに施設へ入れたらどうか？」と言われたし、叔父には「親の介護をしないなんて親不孝だ！」としかられた。

理解してくれない悲しさもあるし、何より親の普段の姿を見ていない人たちから一方的な意見を言われた理不尽さに涙が出そうになった。

ケアマネジャーには「直接手を出さない人の意見は聞き流しましょう」と慰められたが、簡単に親族との付き合いはやめられないし、兄弟がときどき帰省すると親もうれしそうにするので無下にはできない。いったいどうすればいいのだろう。

原因　相手が自分の中のイメージだけで介護を考えているため現状に合っていない

介護に限らず、その事柄に直に携わっていないと情報が更新されないままのイメージで止まっていることは意外と多い。特に介護を取り巻く世界は第1章でも取り上げたように大きく変わり、かつてのような家族が丸抱えで介護する時代ではなくなった。

　しかし、年配の人たちの間では依然「介護は家族が担い、それが親孝行というもの」という価値観が根強い。

　そのため、今の介護に対してどこか「けしからん！」と感じているのだろう。

　これを「目上の人のアドバイスだから」と真に受けてしまえば（ASDの人に多い）、昔と今では全然状況が異なるので、下手をすると共倒れになってしまう。

　また、兄弟のように介護＝大変だから施設へというのも、親の実情よりは**自分のイメージだけで介護について意見を述べている**ため、親の希望や経済状況といった全体的な視点に欠けている。

　いずれにせよ介護を担う家族の状況は周囲に理解されないと孤立しやすい。

　「説明が苦手で……」と抱え込んだり（ASDの人に多い）、「もう付き合いきれない！」と衝動的に絶縁したりする（ADHDの人に多い）前に、**現実的な気持ちの落とし所を見つけていこう。**

解決法　親に関する介護の方針を決める

　いくら自分ではこれでいい、と思っても周囲からいろいろ言われると決意が揺らぐことはある。筆者も父の入院時、必要に迫られていろいろ決断したが、「果たしてこれでよかったのか？」と振り返ることもあった。

　ASDの人の中には完璧主義が強いあまり絞り込む選択や決断が苦手な人も多い。

　ただ、介護には完璧な正解は存在しないし、状況も絶えず変化するため**修正することも頭に入れておこう。**

　親の介護方針を決める際には、できたら**親の希望などを定期的に確認しておく**といいだろう。

　たとえば、

- 施設入居を検討する状況
- 介護の際の子どもたちとの同居希望
- 延命治療（人工呼吸器や経管栄養など）や在宅医療の希望
- お金の使い方

　については親から聞き取る、もしくはエンディングノートに記載してもらうと、いざというときに参考になる（記載例は84ページ参照）。筆者も父が元気な頃の話を思い出した上で「父ならどう言うだろうか？」「一番バランスのいい選択は何だろうか？」を考え、決断し

定期的に親から確認しておくこと

介護の際の子どもたちとの同居希望

施設入居を検討する状況

お金の使い方

延命治療

た。

一方で、兄弟は全然違う意見や見解の可能性もあるので、機会を見つけて聞いてみるといいだろう。それでも関わろうとしなければ「事情があるのだろう」と一歩引いて見ることも大切だ。

介護の現状を伝える

この手の話でよく問題になるのが、親が相手によって態度を変えることだ。

事例の場合でも兄弟が帰省するとうれしさのあまり兄弟にばかりいい顔をする、あるいは叔父に気を許して普段介護をしている人の愚痴をこぼすことがあるかもしれない。

親にしたらその場の雰囲気に合わせてトラブルにならないよう振る舞っているだけかもしれないが、日頃介護している立場からすれば「こちらが奔走しているのに……」と釈然としない気持ちになるのも無理はない。

もやもやした感情については「親の言動にイライラが止まらない」でも触れたようにケアマネジャーへ相談し、兄弟の場合には、

- 親が希望していること
- 施設に入れた場合の経済状況
- 兄弟に頼みたいこと

を伝え、叔父には機会を見てできれば親から、

- 子どもたちは仕事を続けながら介護を頑張っている
- 温かく見守ってほしい

といった、**こちらの状況や考えを伝えてもらおう**。「顔を合わせたら感情的になってしまうかも……」（ADHDの人に多い）と思ったら、手紙といった方法も検討するといいだろう。

Column

エンディングノートを活用しよう

終活というと必ず話題になるのがエンディングノートだ。市販品もあるが、決まった書式はないから手持ちのノートや手帳に書いてもいいし、「紙だと書き直すのが面倒」（ADHDやディスレクシアの人に多い）なら、「終活ノート」といったスマホアプリを利用する方法もある。もちろんワードやエクセルなどで自作することも可能だ。

ただし、デジタルデータだと他の人が探し出せない場合もあるので印刷する、信頼できる人（家族など）とデータ共有する、スマホロックの解除法を手帳などに記録する、といった対策をしよう。

内容は主に、

- 自分のこと（生年月日、連絡先、プロフィール、既往歴など）
- 家族関係（緊急時の連絡先・相続人の情報など）
- 介護や延命治療について希望すること
- 財産状況（銀行口座やクレジットカード、不動産など）
- デジタル関係（PCパスワード、SNSのアカウント情報など）
- 死後の手続き（葬儀、保険解約、遺言執行など）
- 交友関係（友人知人たちの連絡先）
- 特に伝えたいこと

を記入する。

エンディングノートは一度書いたら終わりではない。定期的に中身を見直し、情報を更新する必要がある。また、遺言書のような法的文書ではないから希望通りに実行できる（もしくはしてもらえる）とは限らない。

「だったら書いても無駄だ！」（ASDの人に多い）となるかもしれないが、万が一のときに他人にしてもらいたいこと（してほしくないこと）を棚卸しする作業でもある。自分たちの希望ができるだけ通ることを願いつつ書いてみるといいだろう。

告知および延命処置

記入日 2024年○月×日

重病を患うと、あなたに病名や余命を告知するかを、家族が判断しなくてはならない場合があります。あなたの意識がない状態の場合、あなたに延命処置を行うかどうかを家族が判断することになりますが、それは非常に難しい判断となります。あなたの希望があれば家族が判断しやすくなりますので記入しましょう。

■治療方針について

私の治療方針について、誰かが決めなくてはならない場合は、

山田　太郎　（連絡先：080-△△△△-5678）の意見を尊重して決めてください。

■告知について

- □告知はしないでほしい
- □病名のみ告知希望
- □余命が　　カ月以上であれば、病名・余命とも告知希望
- ☑命の期間にかかわらず、病名・余命とも告知希望
- □その他（　　　　）

■回復の見込みがなく死期が迫った場合の延命措置について

延命処置（気管切開、人工呼吸器、心臓マッサージなど）を回復の見込みがない人に行うことについては、苦しい状態を引き延ばすだけという考え方もあります。延命処置は一度始めてしまうと途中でやめることが難しいため、もしものときに家族の負担が軽くなるように、よく考え、意思を伝えておきましょう。

- □回復の見込みがなくても、延命処置をしてほしい
- ☑延命よりも苦痛を少なくすることを重視して決めてほしい
- ☑回復の見込みがないのであれば、延命処置はしないでほしい
- □尊厳死を希望し、書面を作成している（保管場所など：　　　　）
- □その他（　　　　）

■臓器提供や献体について

- □臓器提供のためのドナーカードを持っている（カードの保管場所：　　　　）
- □角膜提供のためアイバンクに登録している（登録証の保管場所：　　　　）
- □献体の登録をしている（登録した団体：　　　　連絡先：　　　　）
- □臓器提供や献体はしたくない
- ☑特に考えていない
- □その他（　　　　）

■告知・延命について強く希望していること

■葬儀の宗教について

☑仏教 □キリスト教 □神道 ☑その他（ 喪主の意向に添ってください ）

菩提寺がある場合や、特定の寺社・教会や宗派を希望する場合は具体的に記入してください。

名前	○○山 ××寺	宗派	△△宗
住所	文京区○○ 5-6-8	連絡先	03-0000-××××

■葬儀費用について

□特に用意していない ☑預金を当ててほしい（ ○△銀行 ） □保険で用意している（ ）
□その他（ ）

■喪主になってほしい人

名前	山田 太郎	連絡先	080-△△△△-5678

■葬儀に呼んでほしい人 →エクセルデータ

名前		連絡先	
名前		連絡先	
名前		連絡先	
名前		連絡先	
名前		連絡先	

■遺影写真について

□特に希望はない ☑使ってほしい写真がある（ エンディングノートにはさみました ）

■備考

その他の希望について、葬儀に関わることになる家族・親族・友人に伝えたいことなどを記入してください。

職場に親の介護の話をどう伝えたらいいかわからない

対策

- 業務関係者や人事と情報を共有する
- 休業制度の種類と利用の目安を決める

事例 「何かあったら相談して」とは言われたが……

親が入退院した際に有休をかなり使ったこともあってか、先日上司から「親御さんの介護なら介護休暇や介護休業も使えるから何かあったら相談して。人事でも心配していたよ」と言われた。

今回は兄弟がだいぶ頑張ってくれたから自分は有休だけで何とかなったが、確かに今後、親の体調によっては介護休暇も利用したほうがいいかもしれない。

ただ、プロジェクトのリーダーはこちらの事情をよく理解していないようで、「テレワークで何とかなりますよね？」と言われてしまった。

親の状況もいつどのように変わるかわからないから、制度があっても使うタイミングがわからないし、そもそも親の介護というプライベートな話をどこまで職場に伝えればいいかもピンとこなくて、上司にも「親が入院した」程度の話しかしていない。何をどう伝えればいいのだろう。

原因 介護に関する情報が共有されていない。休業制度の活用の仕方がわからない

最近は企業側も介護離職を防ぐために管理職向け研修や介護相談会といったサポートを実施しているところが出てきたが、まだ全体としては受け身の姿勢で、介護休暇や介護休業についても従業員から働きかける必要がある。

加えて、人事や総務の担当者自身はもちろん、現場スタッフにも介護経験者が少ないため、**休業制度の利用の仕方自体がわからない**場合も多いだろう。

「そんな心細い状況なのか……」と不安を感じた（ASDの人に多い）かもしれないが、事例の場合、上司が休業制度を活用するように声をかけてくれたので、制度の利用実績を上げるためにも活用し、仕事と介護の両立を目指そう。

解決法 業務関係者や人事と情報を共有する

事例の場合、プロジェクトのリーダーは「テレワークに切り替えて仕事の片手間に介護をすればいい」と考えているようだが、これは介護や育児経験のない人がしがちな勘違いだ。「理解してくれない！」と憤る（ADHDの人に多い）のではなく、**現状と今後支援が必要なことを簡潔に伝えよう。**

たとえば、

- 仕事を休む理由はケアマネジャーへの対応や通院の付き添いが中心
- 入退院や手術などの際は介護保険が使えないし、手続きは家族がするので休むことがある
- 休む際の作業の引き継ぎや割り振りが課題

といったこちらの事情を理解してもらう必要がある。

「あまり職場で家庭の話をするのも……」と躊躇するかもしれない（ASDの人に多い）が、育児でも子どもの行事や学校の登下校の見守りなど家庭の事情を会社に考慮してもらうことが今では当たり前になりつつある。

上司が介護や育児を家族に任せきりにしている人だと伝わりにくいかもしれないが、最低限でも「自分は仕事との両立のため、できるだけ公的な制度を利用しながら家族の介護をしたい」という意思を明確に示し、働き方を部署内で話し合いながら職場環境を調整していこう。

休業制度の種類と利用の目安を決める

介護についてはその都度取得できる**介護休暇**（介護する対象者1人につき年に5日まで）と、事前に届け出が必要な**介護休業**（介護対象者1人に付き93日まで、3回まで分割して取得可能）がある。

「あれ？ 産休や育休より随分日数が少ない……」と思うかもしれないが、原則介護休暇や介護休業は「介護する体制を整える準備をするための休暇や休業制度」であり、育児のように休みを取得する人＝ケアをする人が前提ではないからだ。

中には「介護休暇と介護休業っ

てどう使い分けるの？」と疑問に感じる人もいるかもしれない。

介護休暇は時間単位で取得するよう設定するのが原則で、たとえば、

- 通院付き添いやケアマネジャーへの対応
- 突発的な事態への対応（病院や施設からの呼び出しなど）

といった要件に適している。一方、介護休業は、

- 退院後の自宅介護や施設入居の準備
- 看取り期になった際、家族で過ごす時間の確保

といった、介護にじっくり取り組みたいけれど、介護休暇や有給だけでは足りないときに使い分けるといいだろう。

「その間の収入はどうなるの？」と不安になるが、介護休暇は会社によって規定が異なり、無給の場合もある。中にはそもそも介護休暇の規定自体を作っていないこともあるので人事や総務に問い合わせよう。

一方、介護休業は、要件を満たせば介護休業給付金が支給される（休業開始時賃金月額の67％）。

「そうはいっても手続きとか面倒くさそうだな」（ADHDの人に多い）、「書類を記入するのが大変そう」（ディスレクシアの人に多い）と思うかもしれないが、使う人が増えることで制度が充実してくるから、上司や人事の人に早めに相談しよう。

介護休暇と介護休業の違い

	介護休暇	介護休業
取得日数	対象家族1人につき年5日まで	対象家族1人につき93日まで ※3回まで分割取得可
申請方法	当日申請可	開始日の2週間までに書面で
賃金・給付金	原則無給	・原則無給 ・一定条件を満たせば雇用保険の介護休業給付金制度の利用が可能
対象者	・雇用期間が6カ月以上 ・要介護状態にある家族を介護している	介護休業開始予定日から93日経過後も半年以上雇用関係が続く人
適した利用	・通院付き添い ・ケアマネジャーへの対応 ・突発的な事態への対応	・退院後の自宅介護 ・施設入居の準備 ・看取り期の家族で過ごす時間の確保

第5章

介護を続ける上での困ったを何とかしたい！

日常の諸々を改善する

介護が長くなると親が自宅で暮らし続けることが難しい事情が出てくる。施設に入所する場合も種類が多いので、親の状況に合わせた選択ができるよう、今から概要を理解しておこう。

通販の定期購入をやめさせたい

対策

- ダイレクトメールや定期購入を解約する
- 契約内容を確認する
- ケアマネジャーや消費生活センターに相談する

事例　止めて止めてもまた届く

母はもともと買い物好きで、街に出て友人とウインドーショッピングをするのが楽しみだった。

しかし、仲がよかった友人たちも亡くなったり、施設へ入居したこともあり、最近は自宅でテレビの通販番組ばかり眺めている。

そのため、テレビで紹介されて気に入ったものを「お試しで安いから」と次々と購入してしまう。どれも定期購入のため、家の中にはどんどん未開封の段ボール箱がたまり、本人も「勝手に荷物が届くのよ」と言っている。

「これ、定期購入になっているよ」と話すと、「え？　初回お試しと言うから買ったのに……」と言うので、母の了承を得て、片っ端から電話を掛けて定期購入を解約し、可能なものは返品した。

母はその場では「ありがとう」と言っていたが、しばらくするとまた定期購入の荷物が届いた。「また定期購入したの？」と問いただすと、「そんなはずはない」と言うため、さすがにイライラして「もうテレビ通販は見ないでよ！」と強くしかってしまった。

本人が買い物をしたいという気持ちはわかるが、こんな無駄遣いはやめてほしい。いったいどうすればいいのだろう。

原因　通販のしくみを理解していない。買い物する楽しさを求めている

「自分のお金で買うのだからいいのでは？」（ASDの人に多い）と思うかもしれないが、高齢になる

につれ買い物に関するトラブルが増加する傾向にある。特に、

- テレビ通販で定期購入をいくつもする
- 訪問販売や電話などの勧誘に乗ってネット回線やリフォーム工事の契約をする
- 同じものを大量に購入し、放置する

といった行為がある場合は、**認知機能が低下**して以前のように金銭やものの管理が難しくなっている可能性が高い。また、悪質な業者から詐欺などのターゲットにされていることもあり得るため、家族も警戒する必要がある。

買い物自体は家族以外の人と会話する、買うものを考えながら選ぶ、欲しいものが買えた喜びを感じられる、といったメリットもあるし、外出しようという意欲にもつながるので一概に禁止すればよ

認知機能の低下が疑われるサイン

訪問販売や電話などの勧誘に乗って
ネット回線やリフォーム工事の契約をする

テレビ通販で
定期購入をいくつもする

同じものを大量に購入し、放置する

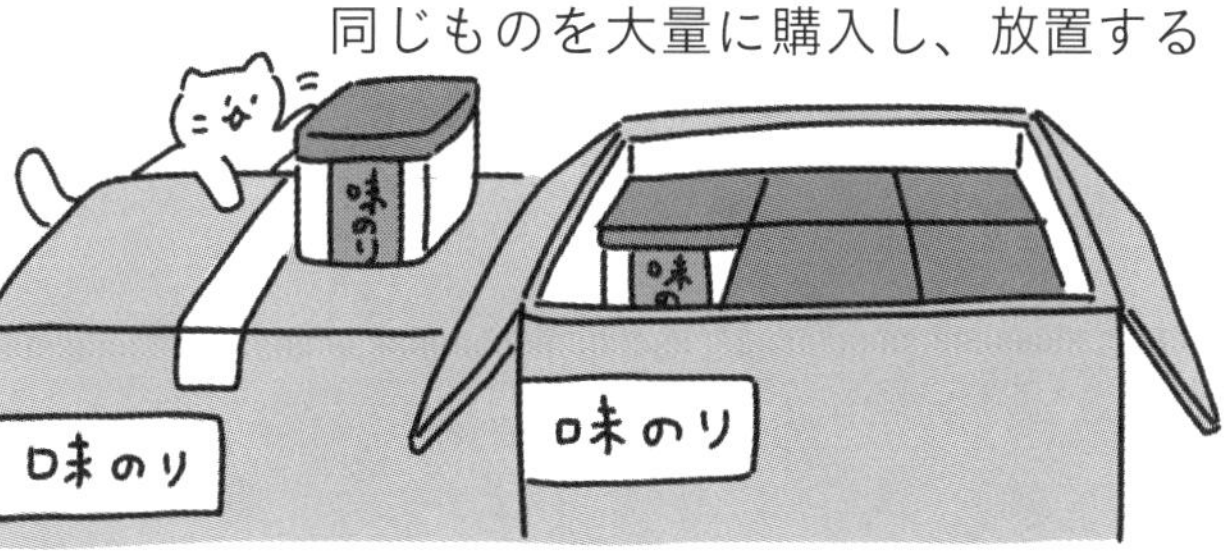

いものでもない。

家族としては親の意思を尊重しながらも、買い物について親と話せる関係を作ることをまずは目指していこう。

解決法 ダイレクトメールや定期購入を解約する

筆者の父も家族が知らぬ間にテレビ通販で健康食品やお茶、尿漏れパッドなどを定期購入しており、父の入院後も次々と業者からダイレクトメールや購入品が届き、その都度先方に電話を掛けて「入院中だから」と事情を説明し、今後の定期購入の解約とダイレクトメールの送付停止を伝えた。

1件当たりの時間や手間はたいしたことがなくても、何度も行えばかなりのエネルギーを消耗するし、「もういい加減にして！」と強く注意したくもなるが（ADHDの人に多い）、認知機能が低下している場合は購入したこと自体を忘れている可能性もある。

また、衛星放送チャンネルの中にはずっと通販番組を流している放送局があるため、「長年の習慣でついテレビを付けてしまう」場合は、**テレビを見る時間自体を減らすため、デイサービスなど外出して人と話をする機会を作ること**も検討しよう。

契約内容を確認する

昨今は高齢者向けの勧誘がいろいろあり、中には悪質なものも存在する。筆者の母は怪しそうなメールや着信にはすぐに出ないで「こんな連絡が来たけれど」とSMSで相談してくるため、ネットで番号を調べて「これは詐欺だから放置して」などと返信している。

「面倒くさい……」と思うかもしれないが（ADHDの人に多い）、まず親に「相談してよかった！」と信頼してもらうことが重要だし、詐欺などに巻き込まれたらさらに面倒になるため、**未然に防ぐためにも手を抜かずに対応しよう。**

また、高齢者の場合、白内障などの目の持病を抱えていることも多く、細かい文字で書かれている契約内容などを読み落としている可能性がある。筆者の父ももともとディスレクシアの傾向があったことに加えて、亡くなる数年前から目の病気を患い、契約書の内容などはこちらで読んで「こんなプランになっているけれど必要？」と確認していた。

「セットにするとお得ですよ」と店員に言われるままに契約していても、中には明らかに不要かつ外したほうが料金が安くなるサービスもあり、本人の了承を得て必要な内容だけ残して解約した。

「契約書を読むのが大変」（ディスレクシアの人に多い）、「数字がわかりづらい（計算LDの人に多い）ようなら「企業名　トラブル」でネット検索をする、もしくは国民生活センターのサイトで似た事例を確認し、同様なトラブルの解説を読むといいだろう。

ケアマネジャーや消費生活センターに相談する

今はどんどん新たなサービスや制度が登場し、それに伴う詐欺も報告されている。ニュースなどで耳にするたびに「よくそんなことを思いつくものだ」と驚いてしまうが、だます手口も巧妙になっているので親自身がだまされていること自体に気が付かないこともあり得る。

そうならないためにも、ケアマネジャーをはじめ、周囲の人（家族や店員、介護職員など）とも**情報を共有する**よう心がけよう。

いつも買い物をする店舗が決まっている場合、店員に事情を伝えて、

- 申込みをしてもキャンセルしてもらう
- 家族の同意を得てから販売してもらう

といった対応を依頼しよう。家族が困っている旨をはっきり伝えると大半の業者はトラブルを避けるため、こちらの要望を受け入れてくれる。

けれども、中には「本人の同意が取れているし、法律違反ではないから解約はできない」と言ってくる業者もいる。その場合は**消費生活センター**にも連絡を取り、対応を相談しながら解約手続きを進めよう。

Column

どこにいても暮らしは続く

当たり前だが、生きている以上、暮らしはついて回る。案外元気に働けているとついこの点を見落としがちで、病気やケガ、災害といった不測の事態になって慌ててしまうのが人の常だ。

暮らしが滞りなく回るためにはその人が持っている生活スキル（基本的な家事や時間・もの・お金の管理など）が現状の生活に合っているかどうかが重要だ。

介護をしていて気付いたのは、加齢に伴う心身機能の衰えによって生活スキルが低下し、今までの暮らしを見直す必要があるケースがとても多いことだ。元気なときは高い生活スキルを持っていた人でも、どこから手を付ければいいかわからず、支援や介入が困難になることもしばしば見聞きする。

もともと発達障害の人の多くは特性として生活スキルを習得しづらい、あるいは軽視しがちな傾向があるため、できれば子どものうちから周囲の大人は生活スキルを教え、暮らしやすい環境を整えることが重要になる。

人生を楽しむためにも定期的に基盤となる生活を見直したり、家を快適な場所にしたりする必要性はもっと認識されるべき、と親の介護で再認識している。

高齢者とその周りの人に気を付けてほしい消費者トラブル

保険金で住宅修理できると勧誘する
“保険金の申請サポート“

屋根や外壁、水回りなどの“住宅修理”

“インターネットや電話、
電力・ガスの契約切替“

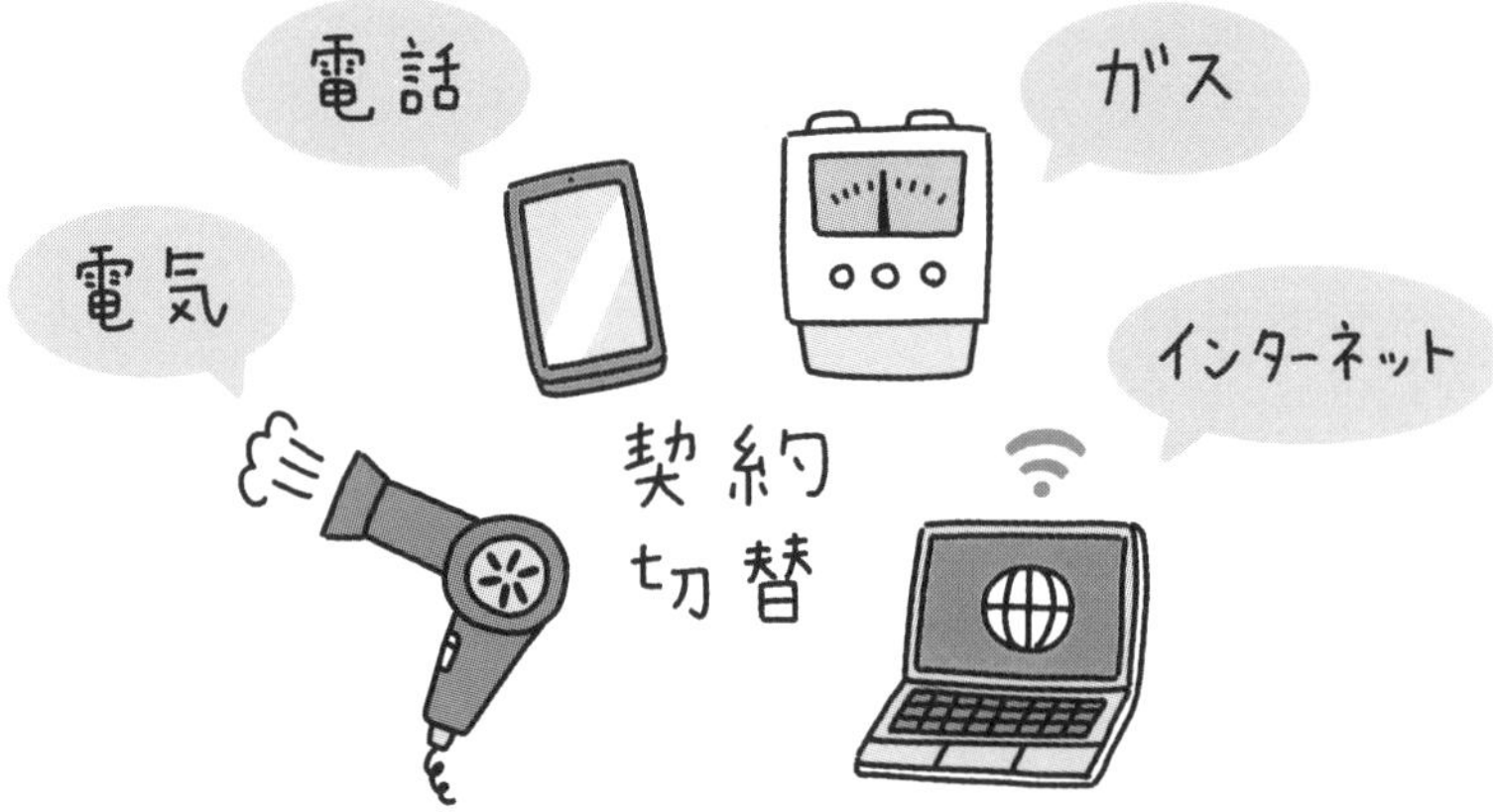

健康食品や化粧品、医薬品などの“定期購入“

“スマホ“のトラブル

“架空請求”、“偽メール・偽SMS“

パソコンの“サポート詐欺“

在宅時の突然の“訪問勧誘、電話勧誘“

便利でも注意“インターネット通販“

“不安をあおる、
同情や好意につけこむ勧誘“

親と相性が悪い介護サービスを変えたい

対策

- 親に必要な介護サービスをケアプランに入れてもらう
- 親の好みを客観的に把握する

事例　簡単に通っているデイサービスを変えていいの？

親が「一人だと食事や入浴が面倒になってきた」と言い出したのでデイサービスを利用することになった。

本人が「知り合いに会ったら恥ずかしい」と言うので少し離れた事業所にしたが、少ししたら「ガミガミとうるさく言われて嫌。もう行きたくない」と泣かれてしまった。

そんなある日、近くに開設されたデイサービスで働いている近所の人と道で会い、状況を話したら「よかったら一度散歩がてら見学に来てください」と言ってくれた。親を連れて行ったところ、「歩いて行けるし、知っている人がいて心強い。こっちに変えたい」とケアマネジャー訪問の際に訴え始めた。

「知っている人に会ったら恥ずかしいって言っていたよね？」「そんな理由で変更できるの？」といろいろ疑問がわいてしまった。どうすればいいのだろう。

原因　介護サービスへの需要と提供内容がミスマッチだった

発達障害、とりわけＡＳＤの人に多いのが**言外の意味を理解しづらい**傾向だ。事例の場合も、親が「知り合いに自分の状況がバレたら恥ずかしい」という気持ちと、「察してもらえたら心強いかも」という期待が交錯している状況がわからず、親の発言だけを受け取ってしまい、結果、親と合わない選択をした可能性がある。

通所施設見学チェックリスト

	確認項目	注意ポイント	チェック
施設	施設に関する説明が明確か	レクリエーション目的、リハビリ目的、入浴目的といった事情に合うか	□
	通所に必要な検査などの説明があったか	通所前の健康診断、感染症回復後何日目から通えるか、といった医療面の情報	□
	利用不可な状況について説明があったか	発熱、入院に加え、要支援といった要介護が改善した際の条件	□
通所開始後	利用を断られる事項の説明があったか	トラブル事例の説明など、具体的な状況や対応について説明があったか	□
	基礎サービスについての説明があったか	買い物や食事、入浴など、1日のスケジュールを確認	□
	（サービスがある場合）食事の内容	特別食（減塩や嚥下困難食）対応ができるか	□
	医療スタッフ（看護師やリハビリ）	専門スタッフが不足していて希望通りのケアが受けられない可能性も	□
	苦情の受付先	現場の責任者から具体的な説明があったか	□
部屋	スタッフとのやり取り	利用者の状況に合う働きかけをしているか	□
	利用者同士のやり取り	グループ分けや席順など、利用者同士が活動しやすくなるよう配慮しているか	□
	衛生面	水回りの清掃状況や、タオルや食器、スポンジなどが適切に管理されているか	□
予定変更	送迎の変更やキャンセル・振替	基本の送迎時間の確認、通院などによる送迎の変更やキャンセルについて確認	□
料金	月々の料金	食事代など自費になる項目	□
介護保険	ケアマネジャーとの連携	ケアマネジャーと通所施設スタッフが連絡を取り合えているか	□
スタッフ	離職率	ネットで調べると出てくるので、平均（14.3%）を大きく超えているようなら要注意	□
	スタッフ間の雰囲気	見学時に送迎や食事などを対応しているスタッフが丁寧に仕事をしているか観察	□

もちろんケアマネジャーが親の性格をよく把握した上で本人に合うサービスを探してくれる場合もあるが、意外と頼りになるのが介護経験のあるご近所さんだ。

「あまり身内の恥をさらすのも……」（ADHDの人に多い）、「近所付き合いは苦手で……」（ASDの人に多い）となりがちだが、介護で重要なのは親が快適に暮らせる支援の引き出しを多く持つことだ。もちろんこちらの限界を超えるようならケアマネジャーやご近所の方に事情を伝えて少し距離を置き、家族しかできないことに徹しよう。

解決法　親に必要な介護サービスをケアプランに入れてもらう

「そもそも介護サービスの違いがわからない」と悩むかもしれないが（ASDの人に多い）、子ども側が伝えるべきなのは「ケアマネジャーにどう相談すればいいかわからない」でも触れたように、**親の状況や家族側の要望**だ。

また、親の希望なども利用が始まると少しずつ変化するのはよくあることなので、「気が変わったみたいで」と正直に伝え、定期的に連絡を取りながら、

- 家事や生活に関わること（事例の場合は入浴や食事）
- 精神的なこと（事例の場合は人との交流）

について**ケアマネジャーと話し合いながらケアプランを検討してもらおう**。つい親の言動に振り回されて必要以上にイライラしたり（ADHDの人に多い）、親を問い詰めたくなったりする（ASDの人に多い）かもしれないが、親自身も自分の感情や要望をうまく言語化できないことは多い。

親の欠点ばかりについ目がいってしまいがちだが、意外と親子は似ているものなので反面教師として観察してみよう。

親の好みを客観的に把握する

親を客観視するのは案外難しい。案外家族に対しては親も家族全体の状況を見ながら行動しているため、個人としての嗜好などを抑制していることがある。筆者も両親の介護をしていて、良くも悪くも「え！　こんな人だったの？」と驚いたことが何度もあった。

「自分のいない場のことなんて、わかるわけがない！」と思うかもしれないが（ASDの人に多い）、そこで頼りになるのがケアマネジャーやヘルパー、親の友人知人といった第三者だ。思い切って「自分にはよくわからない面があって……」と**親の印象や好みなどを尋ねてみるといいだろう**。

また、介護サービスの利用時に、

- 親が得意なこと、苦手なこと
- 親の経歴（職歴）や病歴
- 親の趣味や交友関係

といった親の志向について周囲の人と情報を共有するといい。

「そんなことまで？」と感じるかもしれないが、支援する側も人間なので相性の良し悪しがあるし、本人により合う内容を検討してもらえる可能性が高い。もちろんすべて受け入れられるわけではないが、親に合う介護サービスを探すためにも周囲の人と話してみよう。

また、できるだけ通所候補の施設には親と同行し、リストに挙げた項目を確認してみよう。「全部確認しきれない！」（ASDの人に多い）となるなら、入浴が目的なら浴室や脱衣所の状況を確認する、といった必ず見るべき場所を中心にし、後日ケアマネジャーやスタッフに確認を取ろう。

介護サービス利用時に共有すべきこと

親の経歴や病歴

親が得意なこと、苦手なこと

親の趣味や交友関係

急な出張予定が入ったが、どうしたらいいかわからない

対策

- 困ったらケアマネジャーに相談という習慣を付ける
- 定期的にショートステイを利用する

事例　何とかしたいけれど……

遠方にある工場で急なトラブルが発生して本社からもスタッフが出向くことになり、部長から「お母さんの介護中で大変だとは思うが、3日ほど現場対応をしてほしい」と言われてしまった。

母は最近体調は落ち着いているものの、夜間のトイレでたまに失敗するから不安があるし、食事やデイサービスの支度も一人では心もとない。

急いでケアマネジャーにLINEを送ったが、とにかく自分の留守中に母が無事過ごせるよう体制を整えないといけないし、出張の準備も同時に進める必要があるので思わず頭を抱えてしまった。

原因　優先事項を整理できない。急な事態への準備が不足していた

介護をしていると出張といった宿泊を伴う移動には親側の段取りも必要になる。事例の場合、対応すべきことに一度では頭が追いつかず（ADHDの人に多い）、ケアマネジャーに連絡するのが精一杯だったが、夜中にも心配なことがあるだけに事前にケアマネジャーや家族と協力して介護者の急な出張や入院といった緊急事態に備え、定期的に他の人に介護を代わってもらう必要があった。

筆者もコロナ禍の前はあちこちへ出張していたが、その際も家族はもちろん、父の担当ケアマネジャーにも連絡して不在時の対応を相談していた。

また、父が倒れる前にも母が急

病やケガで動けないときは父の緊急預け先を検討する必要があり、ケアマネジャーから今後に備えて定期的なショートステイの利用を提案されていた。

「まだそこまでではないとは思うけれど……」と考えがちだが（ADHDの人に多い）、出張以外にも冠婚葬祭や旅行など家を空ける機会は出てくる。ケアマネジャーにも相談して事前に対応策を複数考えておこう。

解決法　困ったらケアマネジャーに相談という習慣を付ける

事例でもケアマネジャーに連絡を取ったが、**「困ったらケアマネジャーに相談」という習慣**はとても大切だ。「こんなことを相談してもいいの？」と不安になるかもしれないが（ASDの人に多い）、日頃から家族の状況を把握してもら

Column

介護雑談仲間は貴重な存在

介護をしていると、ふと「自分ばかり苦労している」といった孤立無援な感情に陥りがちだ（ASDの人に多い）。しかし、本文にも書いているが、周囲の人に介護の話をすると意外と同様な境遇の人は多い。まさに人の数だけ介護の形があり、皆それぞれに苦労を重ねながら工夫しているのが垣間見えて、「また会う日までお互い頑張ろうね！」と勝手に力をもらって別れている。

雑談の効果として、

- 同じ体験をしている人と心理的な居場所を作れる
- 話すことで自分の感情を表現・整理するきっかけになる
- 問題解決や情報収集の糸口になる

といったものがある。

また、介護をしているとつい相手の様子を見ながらケアをするので、自分を後回しにするやり取りになりがちだが、何らかの形で自分の内面を表現することで自己を解放する時間も必要だ。

中には「雑談自体が苦手で」とか「家族会だと自分に合う人が少なそうで不安」と言う人もいるが、その場合は、

- 会話の流れが追えない（ASDの人に多い）→介護関係のネット上の掲示板など、自分のペースでやり取りできるところを探す
- 自分に興味がないことは頭に入らない（ADHDの人に多い）→趣味など他の共通点がある人とやり取りする

といった工夫をするといいだろう。

ショートステイの活用場面

介護をする人

- 介護している人が体調を崩したとき
- 出張や旅行に行くとき
- 冠婚葬祭
- リフレッシュしたいとき

介護される人

- 施設入居時のイメージをつかみたいとき
- 入所施設の入居待ち
- ヘルパーが来ることができないとき

い、親の生活も理解してもらえているからこそ、さまざまな提案もしてもらえる。

事例の場合、不在にするのは3日ほどなので、

- 心配事を伝える（夜間のトイレ、デイサービスや食事の準備）
- 予算の目安
- 緊急ショートステイ枠の利用可否
- 家族の協力体制

といった、こちらの状況を伝えた上で利用できるサービスを組み合わせるといいだろう。

定期的にショートステイを利用する

先にも触れたが、各自治体には「**緊急ショートステイ枠**」が用意されており、事例の場合は申し込める可能性が高い。しかし、利用枠が少ない上に希望者が多いときは利用できないこともある。また、申し込めても利用する側の親もショートステイに慣れていないと不安を感じて当日になって拒否されることもあり得る。

筆者の父も生前、ケアマネジャーからショートステイ利用を提案されたときは乗り気ではなかったが、後で筆者が「慣れておけばお母さんが入院したときに慌てないし、お互いの気晴らしにもなるんじゃない」と助言すると黙っていた。

高齢になるとはじめてのことに対して抵抗感が強いものの、体験してもらうと「大丈夫だった」とその後はスムーズに利用できることも多いし、施設側もどんな人か慣れていれば対応もしやすい。高齢者虐待防止という観点からも親の介護を忘れてリフレッシュできる時間確保の目的という意味でも検討してみよう。

第6章

自分の生活との両立をうまくやりたい！

仕事・プライベートと介護との共存

親の介護に追われていると自分の暮らしも誰かに助けてほしいし、精神的・体力的にも余裕がなくなる。自分の生活にもさまざまなサービスなどを取り入れ、負担軽減を図ろう。

仕事と介護で家事に手が回らない

対策

- 優先すべき事項と後回しにする事項を整理する
- 家事代行サービスなどを活用する

事例　介護疲れでヘトヘトで何もやる気が起きない

親の介護が本格的に始まって約2カ月。平日は仕事、休日は介護に追われているので、帰宅するとボーッとしてソファで眠ってしまい、気が付いたら深夜になっていることも。

以前は休日にたまった家事をしていたが、親の介護で余裕がなくなったからか、だんだん家の中が散らかってきた。

そのうち思い切って有休を取ってたまった家事を片付けたいが、何をどうしたらいいか考えるのも億劫になっている。いったいどうしたらいいのだろう。

原因　マルチタスクに対応できず、優先順位が付けられない

事例の場合、親の介護という急な対応を要する重大なタスクが割り込み、これまでできていた家事や休息をする余裕がなくなってしまった。

もちろん介護についてもケアマネジャーに相談し、他の家族とも協力して負担を減らす努力も必要だが、一般的に介護は年単位のことなので、ある程度生活にしわ寄せがくるのは避けられない。

家事は暮らしの土台となるだけに、できるだけ早く家事の内容や時間を見直し、今の生活に合う方法を検討する必要がある。

片付けなどを後回しにしがち（ADHDの人に多い）、**どれが優先すべき家事かわからない**（ASDの人に多い）、といった状況になっているのなら頭の中もごちゃごちゃして

いる状態で、ますます動きづらくなってくるので、まずは状況を整理して具体的な行動に落とし込んでいこう。

解決法 優先すべき事項と後回しにする事項を整理する

事例の場合、疲れもたまっているから今は睡眠時間の確保など体力の回復が最重要課題だ。

まずは次ページのように**1日の中で睡眠時間の枠を取り**、そこから仕事や通勤などの時間を引いて残った時間がどれくらいあるか計算してみよう。

すると、「あれ？ 思ったよりも少ない」と感じるかもしれない（ADHDの人に多い）。1日は24時間あるといっても、フルタイム勤務なら家事に回せる時間はとても少ない。

そのため、

優先すべき家事を洗い出す

1日の時間計算例

平日

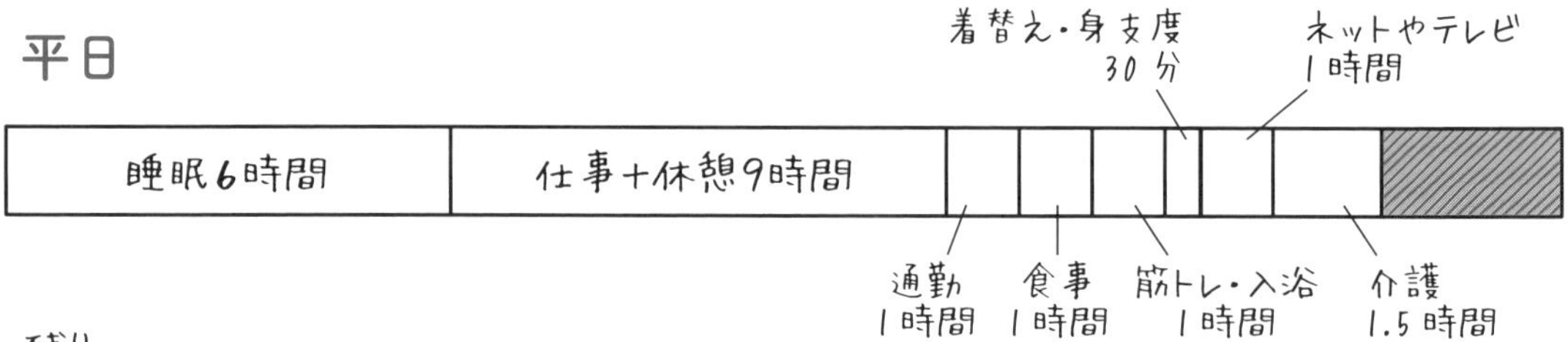

残りは全体では3時間だが、移動や待ち時間などもある上に細切れの時間（10～15分前後）のため、実際に家事に回せる時間はもっと短い

➡ 短時間にできる家事や片付け中心に

休日

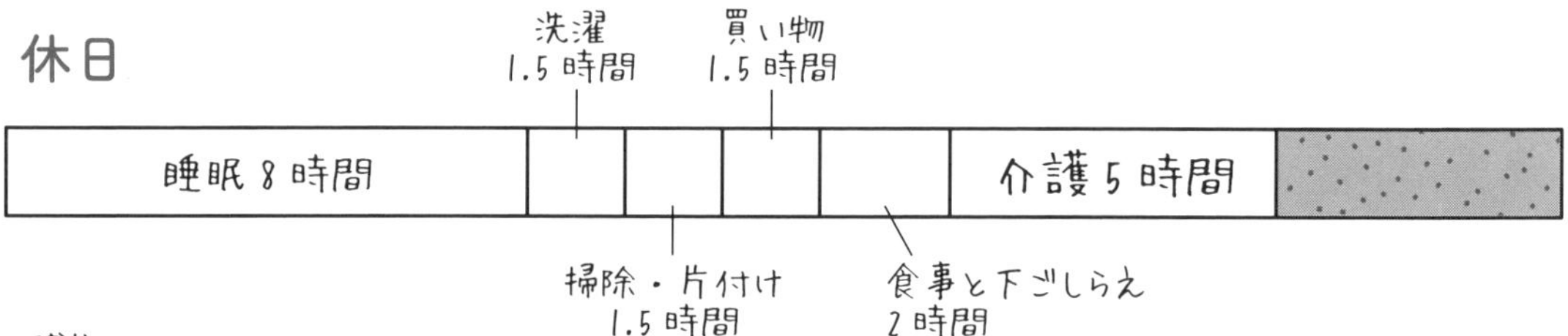

残りは全体で4.5時間で、この時間に趣味や季節ごとの家事といった予定をバランスよく入れる必要がある

➡ 介護の時間が増えるなら、家事代行も検討する

- 自分がしなければならない家事
  （ゴミ捨て、水回りの手入れ、不要品の整理、片付け、お金の管理）
- 生活に必要な家事（掃除、洗濯、料理、買い物）
- できたらやりたい家事や事柄（大工仕事、庭の手入れ、年中行事、近所付き合い、節約）

を洗い出してみよう。**自分がしなければならない家事＝優先すべき項目**で、他の人には頼みづらく、さらには他人に頼むにしてもここが滞ると外注もスムーズにいかない事柄でもある。特に生活が荒れ出すサインでもあるゴミや水回り（トイレ、シンク、浴室）の手入れに気が回らなくなってきているなら要注意だ。

「そうはいっても気が重くて…」（ADHDの人に多い）となるなら、10分だけタイマーをかけて「この時間だけ行う！」などと時間を区切る、燃えるゴミの前夜にシンク掃除をする、郵便物は玄関先で立ったまま確認して不要なダイレクトメールはすぐに捨てるなど、**行動のハードルを下げて達成感を味わいやすい仕掛けを作るようにしよう。**

家事代行サービスなどを活用する

「自分でやるべき家事を優先するのはわかったが、他の家事はどうしたらいいのか？」となるかもしれない（ASDの人に多い）。特に生活に必要な家事は最低でも週に一度くらいはしておく必要があるが、「誰か助けて！」と混乱しているようなら（ADHDの人に多い）、文字通り**家事代行サービス**など人の手を借りて家の中を仕切り直そう。

　まずは自分がどんなことを助けてほしいのかを書き出してみよう。たとえば、

- 食事の支度が負担
- リビング、トイレ、浴室だけでも掃除してほしい
- 洗濯物を干したり畳んだりするのが面倒
- とにかく片付けを一緒にしてほしい

と書いてみると、自分がどんなサービスを求めているかが見えてくる。

　「それもわからない」（ASDの人に多い）、「いろいろ手伝ってほしい」（ADHDの人に多い）のなら業務提供の範囲が広い会社を探すといいだろう。

　今は家事代行サービスも充実してきており、「住んでいる地域名＋家事代行」で検索すると条件に合ったサービスを見つけられるだろう。

　会社によって提供できるサービスが異なるので、自分のニーズに合うところを見つけよう。

　家事代行サービスを見つけづらい地域なら**地元のシルバー人材センター**に問い合わせるのもひとつの手だ。実は多くのシルバー人材センターで家事支援サービスを実施しており、筆者の母も以前、家族で暮らしていた頃は定期的に利用していた。料金も会社より格安だが、会社に頼むほどのプロ意識は求めにくいといったデメリットもあるので「元専業主婦に家事を頼む」視点で依頼するといいだろう。

　「家に人を入れるのは気が引ける」（ASDの人に多い）という人は洗濯の集配・宅配サービス（デリウォッシュ　https://www.deliwash-funabashi.com/index.html）やコンビニで受け取れるミールキット（セブンミール　https://www.7meal.jp/lp-utilization/）など取り入れやすいものから検討しよう。

自分自身の体調管理がうまくできない

対策

- 定期的に体調をモニターする
- 毎日取り組む作業を決めて実施する

事例　体調がすぐれない

親の介護が始まって半年ほど経った。

施設に入った親の暮らしも落ち着き、職場も仕事をしながら介護をすることに理解を示してくれているので何とかこの状態が続いてほしいと思っている。

しかし、最近健康診断で高血圧傾向を指摘され、病院へ行ったら「今は薬を使うほどではないと思うが、ストレスを減らすよう心がけ、運動と食事にも気を付けましょう」と言われてしまった。

親も高血圧だから体調管理をせねばとは思うが、介護をしている以上ストレスを減らすのは難しいだろうし、時間はそれほど割けない。何から始めたらいいのだろう。

原因　体の不調に対応する余裕がなかった

介護が始まると親の対応に追われるため、つい自分のことは後回しになりがちだ。しかし、常にストレスがかかる状況が長引けば、事例のように生活習慣病などの懸念が出てくる。

発達障害の人の中には少しの状況変化でも身体が過剰に反応したり（**感覚過敏**）、反対に疲れなどの体のサインを見逃しがちになる（**感覚鈍麻**）といった感覚の偏りがしばしば見られる。

実は、筆者は20歳まで生理不順を「いつものことだから」と軽視していたら子宮内膜症で倒れて入院する羽目になり、その後の生活に大きな支障が出た。

今後のためにも不調のサインを

見逃さず、元気に暮らすための生活習慣を取り入れるよう心がけよう。

解決法 定期的に体調をモニターする

事例の場合、血圧を指摘されたから、まずは**血圧の記録を始めてみる**といいだろう。

「特に血圧に異常はない」という人なら血圧以外にも体重、便通、女性の場合は生理周期など、体の状態をチェックする項目の中からいくつか選び、アプリなどで記録するとそれまで気付かなかった変化が見えてくる。

筆者は朝晩の体重、便通、生理周期を「シンプルダイエット」というアプリで記録し、さらに毎月の主治医の診察の際、血圧を測定してもらっている。

父が体調を崩した頃から血圧が上がり、父の死後いったん落ち着いたが、その後再び高血圧気味となり、改めて体調の記録を見返すと、以前より生理の間隔が空いていることに気付いた。

後日婦人科検診で相談すると、「以前の血圧上昇はストレスが理由かもしれないけれど、今回は更年期の症状では？」と指摘された。検査の結果、ホルモン補充療法を開始したら途端に血圧が下がり、「これが原因だったのか！」と驚いたことがある。

記録の効果は数カ月続けないと見えてこないため、「記録するのが面倒くさい……」（ADHDの人に多い）、「数字を記入するのが苦痛」（算数LDの人に多い）と思うかもしれないが、計測結果をBluetooth通信でスマホアプリに記録してくれる機能を搭載した下記のような血圧計がオムロンなどから発売されている。体重計も同じメーカーにすれば体重の変化も同じアプリで確認できるから負担軽減できるので検討するといいだろう。

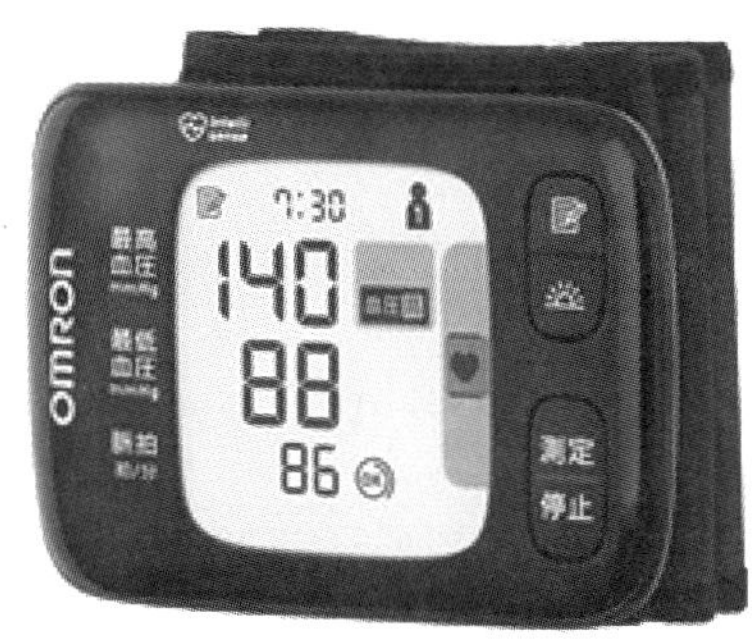

オムロンの「HEM-6233T」

毎日取り組む作業を決めて実施する

介護などで忙しいと「あれも、これも」と目の前のやることに追われてしまい、頭の中に何となく気になることがゴミのようにたまりがちだ（ADHDの人に多い）。

ストレスを減らし、作業にスムーズに取り掛かるためにも、部屋同様、頭の中のゴミも**定期的に整理すること**はとても大切になる。

筆者は毎日、

- モーニングノート
- 夫との日課（ラジオ体操など）

を行っている。

モーニングノートは映画監督・文筆家のジュリア・キャメロンが提唱した、起床直後頭に浮かんだことをどんどん書き出すワークだが、筆者はそれを少し自分に合わせた形で実行している。

続けるコツは読み返さない、思いつかないなら「思いつかない」と正直に書くことだ。

特に自分にダメ出しをしがち（ASDの人に多い）だと、つい「こんなことを書いたらダメだ」といったネガティブな感情が出てくるが、自分を認識することがワークの目的なので、書いたらすぐにノートを破って捨ててしまおう。

軽い運動を継続するのも有効だ。

夫との日課は運動不足の解消目的

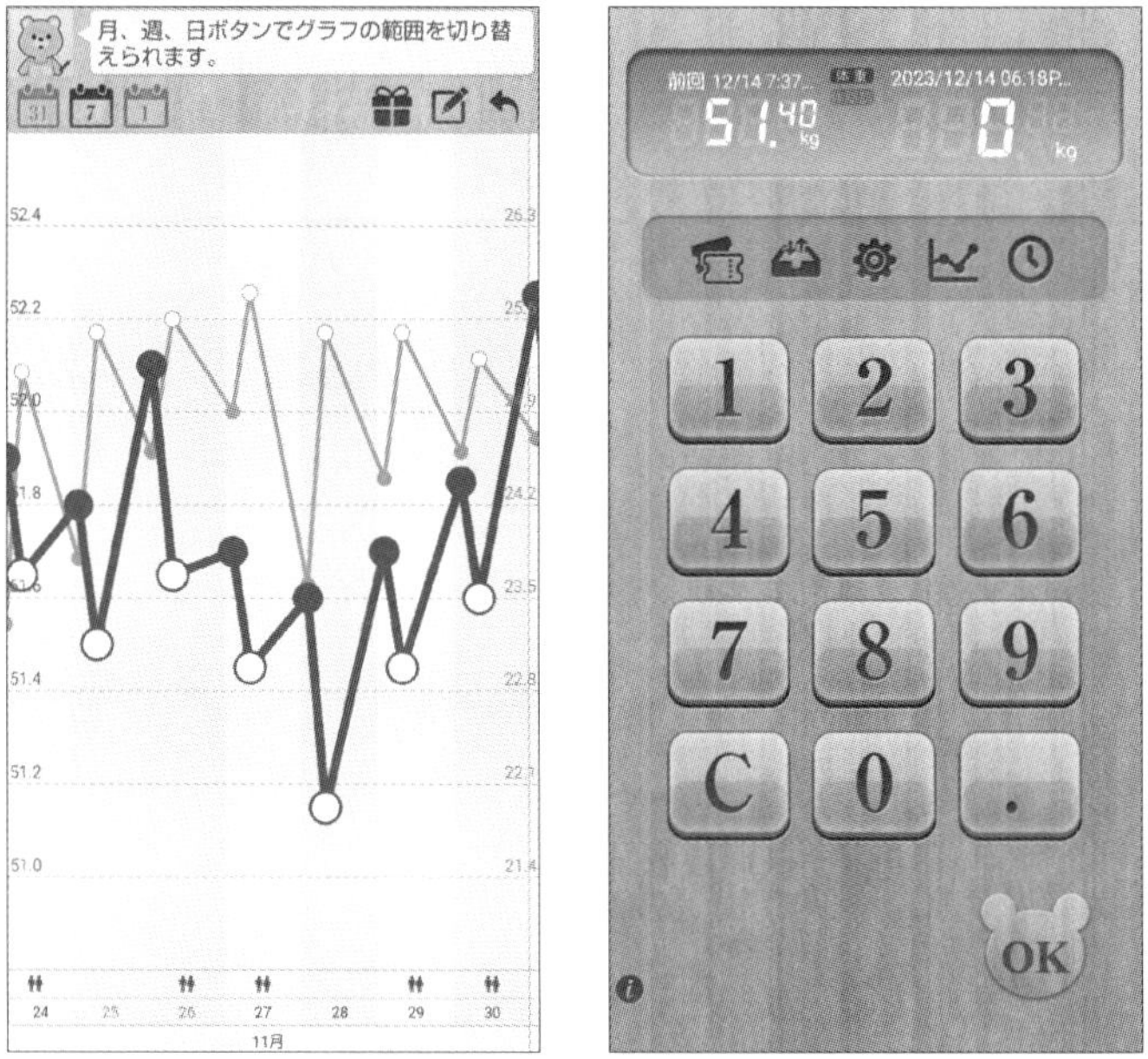

シンプルダイエットのグラフと入力画面

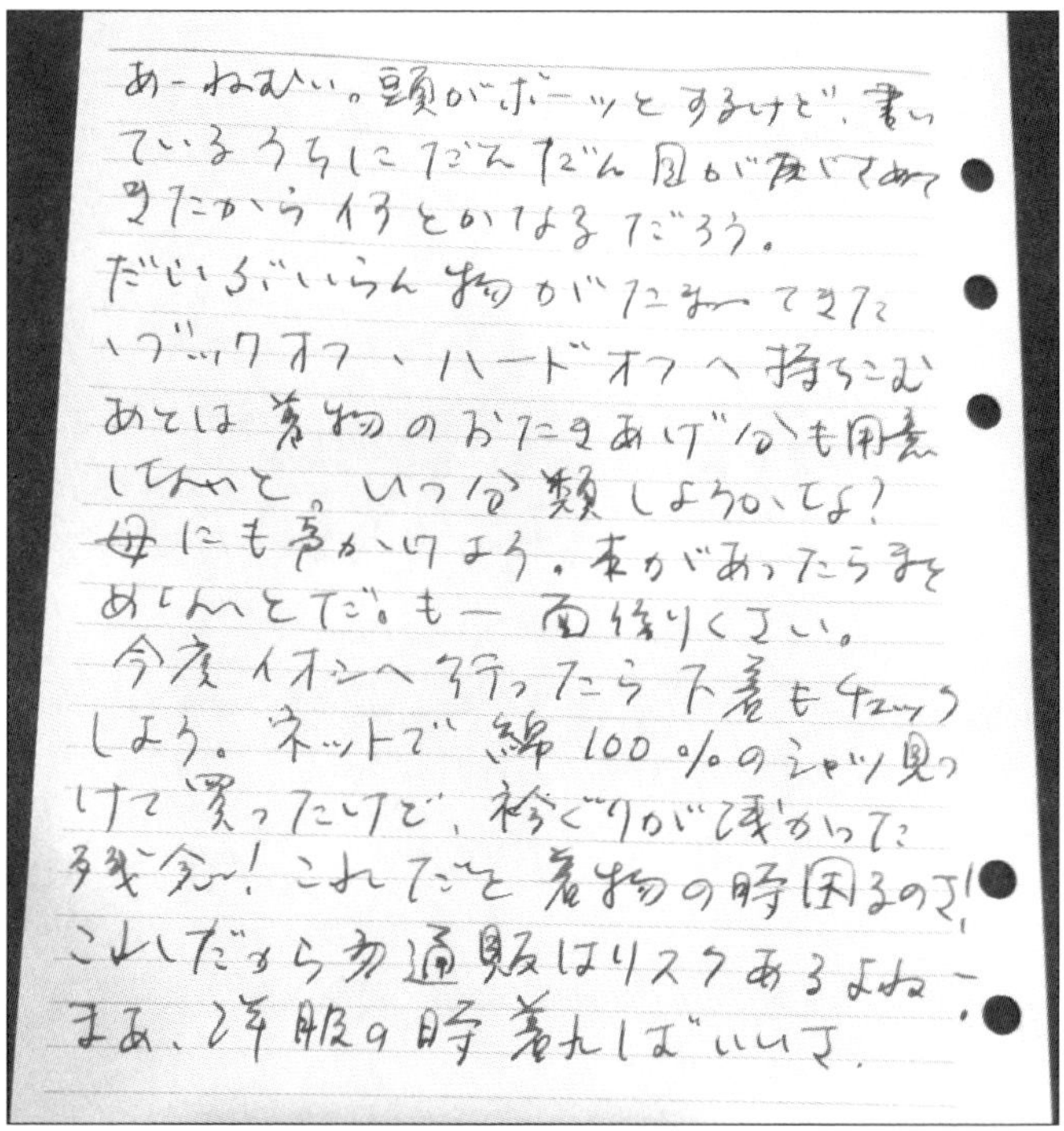

モーニングノートの記入例

で始めたが、軽い運動をするとその流れで「さあ、やるぞ！」と行動に移しやすくなるし、動きの良し悪しで体調の変化にも気付きやすくなる。

「楽しくなさそう」（ADHDの人に多い）、「そんなにやるのは無理！」（ASDの人に多い）と思う場合は、

- 日記にその日できたことを書く（一言日記でも可）
- 歯磨きをしながら5分スクワットする
- 通勤の際1カ所でもよいのでエスカレーターから階段に切り替えてみる

といった達成しやすい目標を考えて毎日取り組んでみよう。

頭の中を整理するために毎日するとよいこと

エスカレーターから
階段に切り替えてみる

日記にその日できたことを書く

歯磨きをしながら
5分スクワットする

遠距離介護で出費がかさむ

対策

- 割引サービスを活用する
- 家族がする作業と業者に頼むことを整理する
- 見守りサービスを活用する

事例　親の様子は気がかりだけれど……

実家は夜行バスか新幹線を使う距離にあり、このところ頻繁に帰省していることもあってかなり出費がかさんでいる。

兄弟たちは結婚して実家のそばに住んでいるので日頃の細かいことを担当してもらい、お金の管理や大きな病院への通院などは独身の自分がキーパーソンとして担当している。親兄弟も「お金がかかるから」と交通費の一部を出してくれるが、帰省すれば交際費など細かい費用もあるのでそれなりに自腹も切っている。

今後に備えて使っていない実家の2階を片付けることになり、休暇を取ってしばらく地元に滞在する予定が決まったが、部屋が散らかるからホテルなどを利用する可能性も出てきた。必要な費用だとは頭では理解しているし、兄弟たちも「ちゃんと親の貯金から出しなよ」と言ってくれるが、親の貯金にも限りがある。どう工夫すればいいのだろう。

原因　移動に伴う費用について話し合いが不十分だった

地元でずっと暮らしていて、あまり他の地域へ出向く機会が少ない人だと、長距離移動に伴う費用（新幹線や高速代など）について、どのくらいかかるか具体的な想像が付きにくい。

事例の場合、親兄弟も一定額は費用を負担してくれてはいるものの、**今後どのように負担すればいいのか話し合い、資産状況に合わ**

せて対策を練る必要がある。

つい「自分が知っているから他の人もわかっているはず」（ASDの人に多い）と思いがちだが、早割などの割引をしてもそれなりに費用がかさむ現状を伝え、「介護を協力し合うための必要経費だ」と可視化していこう。

解決法　割引サービスを活用する

急な帰省では難しいが、予定が前もって決まっている場合には**早割**はかなりお得だ。筆者も新幹線や飛行機を利用する日付が決まっているときはできるだけ早割で特急券や航空券を購入している。

「どうも予約が面倒で……」「計画を立てるのが大変」（ADHDの人に多い）となりがちだが、今はネットでの予約が主流になりつつあるので、事前に会員情報やよく使う経路を登録しておけば必要なときにすぐ予約できるし、当日でもネット予約のほうが割安のことが多い。座席指定もパソコンやスマホから予約可能で、設定をしておけばチケットレスで乗車できる。

他にもホテルとセットになったパックを使う、飛行機の介護帰省割引やLCCを活用する、よく使う交通機関と提携しているクレジットカードを利用する（ポイントやマイルがたまりやすく、特急券や航空券と交換可能なことが多い）などがある。

使いやすい割引サービスを見つけてどんどん活用していこう。

家族がする作業と業者に頼むことを整理する

事例の場合、実家の片付けをする予定だが、このとき**近所に住む家族に少しずつ**、

- ものの要不要を仕分けし、家族が使うものは引き取ってもらう
- 粗大ゴミの捨て方やリサイクルショップなどを調べてもらう

といったことをやってもらうと作業時間を大幅に短縮できる。結果として滞在期間を減らせればその分費用も節約できるから早めに依頼するといいだろう。

「業者に依頼するならそのままでいいのでは？」（ASDの人に多い）と思うかもしれないが、ものの要不要の判断は家族にしかできないし、業者も家族が何を必要かはわからないので1つずつ確認していると時間がかかる。それに明らかに不要なものだけでも減らしておけば作業スペースが増え、粗大ゴミなどを運ぶ作業も楽になる。

「要不要の判断基準がわからない」（ADHDの人に多い）のなら、

- 1年以内に自分もしくは家族が使う見込みがあるもの
- 家族に聞く必要があるもの

遠距離介護の際に利用できる割引サービス

新幹線割引きっぷ（ウェブサイトで購入可）

鉄道会社	サイト名	サービス名	特　徴	備　考
JR東日本	えきねっと	トクだ値	列車・席数・区間限定の割引	事前に交通ICカードを登録する必要あり
JR東海・JR西日本・JR九州	スマートEX	EX早特	早めに予約するほど割引される	頻繁に利用するならエクスプレス予約も視野に
JR西日本	JRおでかけネット	スーパー早得きっぷ	14日前までなら割引率が高い	ネット限定
JR九州	JR九州	スーパー早得きっぷ	14日前までなら割引率が高い	ネット限定

※割引率が高いきっぷは変更できないことがあるため、事前に確認をすること

航空券

航空会社	サイト名	サービス名	特　徴	備　考
各航空会社	各航空会社サイト	介護割引	当日でも30〜40％割引される	事前に書類を提出して登録する必要あり
AIRDO	AIRDOサイト	道民割引	当日でも割引が適用され、自由度が高い	事前に会員登録し、道民会員番号を取得する
全日空（ANA）	ANA	ANA SUPER VALUE	介護割引よりも割引率が高い場合もある	キャンセルや便変更の場合には追加料金がかかることもある
日本航空（JAL）	JAL	スペシャルセイバー	介護割引よりも割引率が高い場合もある	キャンセルや便変更の場合には追加料金がかかることもある

高速バス

サービス名	特　徴	備考
早割	早めに予約するほど割引	
直前割	急な利用の際便利	発売されないことも
オンライン限定割	特割プランがある会社も	
期間限定割	条件が合えばお得	

※他にも旅行会社から新幹線や飛行機＋ホテルやレンタカーとのセットプランもあり、条件が合えば活用できる
※該当なら障害者割引、学生割引なども適宜活用する

クレジットカード

利用サービス	クレジットカード名	特　徴	備　考
JR東日本	ビューカード	ポイントを新幹線特急券に交換できる	50歳以上なら大人の休日倶楽部カードも検討
東海道・山陽・九州新幹線	エクスプレス・カード	ポイントを新幹線特急券に交換できる	エクスプレス予約を利用するならお得
全日空（ANA）	ANAカード	マイルを航空券に交換できる	よく利用する路線の航空会社ならお得
日本航空（JAL）	JALカード	マイルを航空券に交換できる	よく利用する路線の航空会社ならお得

※よく使う旅行会社やネットの予約サイトなどのクレジットカードも検討する

・すぐに使えず、修理が必要なもの
・明らかに使いそうにないもの

といったカテゴリーを伝えれば家族も分類しやすい。

見守りサービスを活用する

なお、帰省する理由が「近くに様子を見る人がいない」という場合、帰省頻度を減らすために**見守りサービス**などを利用する手もある。宅配弁当サービスや訪問型のように人を介するものから、室内設置センサーやGPS端末といったものまで種類も豊富だ。

ただし、親が「見張られている！」と被害的になれば本末転倒なので、親の意向を取り入れたサービスを導入し、普段と違う行動があったらケアマネジャーやサービス担当者と連携して安否を確認できるように体制を整えよう。

主な見守りサービス

	サービス	料　金
訪問・宅配型	郵便局のみまもりサービス	訪問：2,500円（税込）／月、安否確認：1.070円（税込）〜
	ワタミの宅食 みまもりサービス	3,300円（税込）／月　※宅配商品を注文している場合
	ヤクルト　届けてネット	商品代金のみ　※送料・サービス料金不要
センサー型	スリーS みまもりサービス	2,750円（税込）／月、初回事務手数料：11,000円（税込）、警備駆付要請：8,800円（税込）／回
	親子のドアシル	990円（税込）／月、初期費用：12,800円（税込）
通報型	HOME ALSOKみまもりサポート	1,870円（税込）／月、初期費用：70,565円（税込）　※お買い上げプランの場合
会話（電話）型	らいふコール	200円（税込）／月〜
複合型	HOME ALSOK Connect オンラインセキュリティ	4,070円（税込）／月、初期費用：312,290円（税込）　※お買い上げプランの場合
	セコム・ホームセキュリティ（親の見守りプラン）	3,410円（税込）／月、初期費用：219,890円（税込）　※買取の場合

自分の老後に不安を感じて何事も手が付かない

対策

- 将来の住み替えに少しずつ備える
- 年金受給予定額と自治体の支援制度を調べる
- 他人に依頼する機会を作る

事例

「いつか自分も」と不安に

親が施設に入って数カ月が経ち、最近は笑顔で過ごしている写真などをスタッフが送ってくれるので、「思い切ってよかった」とホッとしている。

一方で、「いつか自分もあんなふうに老いるのか……」「でも、貯金がないから施設に入るのは無理だろうな」と、今度は自分の老後についてあれこれ考えてしまい、どんどん不安ばかりが募ってしまう。

頭では個人差もあるし社会情勢や福祉制度も変わってくるから突き詰めて考えても仕方のないことだとはわかってはいるけれど、今からできることって何かあるのだろうか。

原因

確実に訪れるが、見通しが立たない状況に混乱した

親の介護をしていると嫌でも将来の自分について考えてしまい、「大丈夫かな?」と不安になることは経験者なら身に覚えがあるだろう。筆者も「自分が弱ったときに一人になっていたらどうすれば?」「住み替えをするにはいくらかかるだろう?」と次々と疑問がわいてくるので一通り調べたことがあった。

この手のことは大きく**大筋で誰にでも当てはまること**と、**個々の事情によって変わること**の2つに分けられる。たとえば年をとると体が思い通りに動かなくなってくるのは前者だが、いつどのような形で体調を崩すのかは後者になる。

大筋で誰にでも当てはまること

について、「自分はどうするといいか？」と具体的にできることを考え、手を動かしていくと、この手の不安は徐々に減らせる。

老後を快適に暮らすためにも少しずつ取り組んでいこう。

解決法 将来の住み替えに少しずつ備える

高齢者施設の最低限の広さは有料老人ホームだと8畳前後（トイレ付き）、サービス付き高齢者住宅だと16畳前後（キッチン・バス・トイレ付き）だから、一人暮らし用ワンルーム程度になる。「今の部屋とあまり変わらないけれど？」と思うかもしれない（ASDの人に多い）が、体が動かなくなる分、ものを置けるスペースが限られるし、車椅子になれば移動スペースを広く空ける必要が出てくる。

「今から考えなくても大丈夫で

ライフステージ別整理整頓リスト

年　齢	整理するもの	この時期に取り組む意味	注意点	備　考
～35歳前後	学生時代までのもの、衣服、実家の荷物など	新生活に向けて整理しやすい環境を作る	家族構成の変化に注意	実家に荷物を置きっぱなしにしない
35～44歳	衣食住スペースのものと収納場所の整理	体型の変化で似合うものが変わる時期なので見直して入れ替えておく	趣味のものが増えがち	転職や転居で見直す
45～54歳	紙類、手紙、写真、本、家具類	紙類は重く点検にも時間がかかるため、体力があるうちに着手する	親の介護などでものが増えがち	家族の荷物を各自で管理させる
55～64歳	親が遺したもの、思い出の品、大型家具など	代々受け継ぐものを整理し、次世代に遺すものを選別する	高所や床面の収納は空ける	できればこの時期に家具の見直しも
65～74歳	現役時代の荷物整理、不要品の処分	住み替えを視野に荷物を整理する、暮らしのスリム化	余裕のあるスケジュールにする	便利屋の利用なども検討する
75歳以降	使いこなせないもの、体型の変化で着られない服など	本格的な介護に備える、家の中を動きやすく整える	床面をとにかく空ける	他人も使いやすい収納を心がける

しょう?」(ADHDの人に多い)と思いがちだが、年齢とともにやっておくといいことはある(前ページ「ライフステージ別整理整頓リスト」参照)。

たとえば子どもの頃の荷物は35歳くらいまでに、たまると重くなる紙類(古い書類など)やアルバム類は50歳前後を目標に少しずつ減らすといった**具体的な項目を設け、空いた収納家具も処分していく**といいだろう。

年金受給予定額と自治体の支援制度を調べる

事例でも「貯金がないから」と不安になっていたが、家計の基本は黒字会計を維持できるかだ。

収入が少なくても**徐々に年金受給を想定した暮らしに切り替え、メリハリのある支出と積立貯金を心がける**のも堅実な老後対策といえるだろう。

将来受給できる年金予定額は、

日常生活自立支援事業の主なサービス内容

ねんきん定期便やねんきんネットでも調べられる。「これだけ？」と不安になるかもしれないが（ASDの人に多い）、65歳以降も働けるなら受給開始年齢を繰り下げる、70歳まで厚生年金に加入する、パートタイムに切り替えて不足分だけ働くといった選択肢もある。まずは生活費にプラスして必要な介護の平均費用（500万円）を目標に貯金しよう。

「むしろ、将来家計管理が難しくなったときのことが心配」（ASDの人に多い）という場合は、地元自治体の**成年後見制度**を調べてみるといい（自治体名　成年後見制度で検索）。自治体でも任意後見契約のサポートをするところが出てきており、自治体が整備段階のところでは地元の社会福祉協議会などで相談に応じている。

社会福祉協議会は成年後見制度を利用する前段階の日常生活の自立支援もしており、実はこのサービスは高齢者ではなくても利用可能だ。「一人暮らしだが、実は既に家計や契約書類の管理が本当に苦手で……」（ADHDの人に多い）という人は折を見て相談するといいだろう。

他人に依頼する機会を作る

介護で多くの人が抵抗を示すのが「家に他人が入ってくる」ことだ。理由としては、

- 他人が家に来ると安心できない
- 他人に物事を頼む手順がわからない
- 他人に頼むメリットがわからない

といったところだが、高齢者の場合、詐欺などの被害を警戒していることに加えて、いつもと違う環境が不快だというのも理由の1つだろう。

身内にばかり頼んでいると「なんでわかってくれないんだ！」（ASDの人に多い）と不満を抱きがちだが、他人の場合、頼み方が曖昧だとさらにトラブルになりやすい。「面倒くさい」と感じるかもしれない（ADHDの人に多い）が、自分とは違う人間と物事を進めるには「頼んだことをしてくれると信じているけれど、相手がこちらに不利益なことをする可能性がある」という**信頼と用心のバランス**が重要だ。次ページに他人に家に来てもらう際のポイントや注意点をまとめたので、ぜひ参考にしてほしい。

「仕事と介護で家事に手が回らない」でも触れたが、介護は他人の助けをゼロにはできない。「この人なら」と信頼できる、あるいは「自分でやるよりはいい」とメリットを感じられる経験を積み、他人に頼む環境に自分を慣らす工夫を重ねてみよう。

他人に依頼する際のポイント・注意点

例　清掃を依頼する場合

項　目	こちらがすること	ポイント	注意点
内容決定	掃除してもらう場所を決める	セットプランにしたほうが安くなることも	何箇所か事前に掃除して欲しい箇所を挙げる
時期決定	適切な時期を決める	キャンペーンなどを上手に活用する	特にエアコンの掃除は時期を考慮する
業者選定	値段だけでは決めない	定期的に頼める業者かを考えて決める	自営業者の場合、損賠保険などの加入を確認する
業者連絡	明確に依頼内容を伝える	メールやLINEを活用し、できたら相見積もりを	文書などに残さず一方的な態度を取る業者は断る
業者決定	希望に沿った内容か確認する	できたらメールやLINEなど文書でやり取りする	お試し利用ならその旨をはっきり伝える
日程調整	日付と時間を明確に伝える	できたら他の家族もいる時間帯を設定する	キャンセル規定を確認し、変更は早めに伝える
当日までの準備	すぐに作業できる環境にする	掃除に入ってもらう場所の周辺を片付ける	水や電源などを利用する場合の場所を確認しておく
当日作業前	契約内容を家族や業者と共有する	業者の通路、家族の居場所、貴重品置き場を決める	（できれば）作業前の状況を撮影する
当日作業中	作業員の状況を観察する	少し離れた場所で様子を見守る	こちらから手を出さない（トラブル防止）
当日作業直後	作業完了を確認する	契約内容通りかを確認する	破損・紛失物があったら状況を撮影する
業者退去後	移動させたものなどを元に戻す	業者から指示があった場合はそれに従う	業者の忘れもの、落としものなどがあったら連絡する
翌日以降	作業状況を評価する	また頼みたいと思うかを考察する	不満がある、効果がないと思ったら他に依頼する

第7章

介護終了後の困ったを何とかしたい！

相続・遺品整理対策

親の死後も手続きがたくさんあり、多くの留意点がある。介護同様できるだけ事前に確認・準備できることをまとめた。自分の気持ちの整理も含めて取り組んでいこう。

死後の手続きをどう進めたらいいかわからない

対策

- 死後の手続きをリストアップする
- 書類の準備と手順を確認する
- 自分の感情を表現する機会を作る

事例 いつかはとわかっていたけれど

父のことは医師から余命宣告を受けていたが、まさかそこから2週間も経たないうちに亡くなるとは予想も付かなかったので、病院へ駆けつけたときにはもう間に合わず、家族全員呆然としてしまった。

病院のスタッフから「葬儀会社は決まっていますか？」と聞かれたため、事前に父が家族葬を希望していたのを思い出して慌てて以前資料を集めた会社の1つに連絡し、その後は葬儀会社の人から言われたことを実行するのが精一杯だった。

ようやく葬儀を済ませて骨壺を手に実家に戻り、仏壇に骨壺と花を供えて手を合わせたら気が抜けて、その場に座り込んだまま動けなくなってしまった。

まだまだやるべき手続きもたくさん残っているはずだが、何から手を付けたらいいのかまったくわからない。いったいどうしたらいいのだろう。

原因 親の死という現実に気持ちが追いつかない

親の死は大きな喪失体験でショックではあるものの、亡くなった直後は葬儀や訪問客などの対応といった作業に追われ、なかなか悲しんでいる余裕がない。

しかし、事例のようにふとした際にいったん気が抜けると糸が切れたようになってしまい、呆然としたり、気持ちが落ち込んでしまったりすることがある。

それでも死後に必要な事務手続きはたくさんあり、中には締切が設けられているものもあるので優先順位を付けながら作業をしなければならない。

一方で気持ちの整理も必要で、昨今はケアの現場でも**喪失ケア**（グリーフケア）の重要性が指摘されている。特に「もっといい介護ができたのではないか」といった**罪悪感に悩まされがちな人**（ASDの人に多い）は気持ちの切り替えに時間がかかる。そうした気持ちを無理に抑え込もうとせずにできることから始めてみよう。

解決法 死後の手続きをリストアップする

筆者は手続きの漏れがないよう、父の死後手続きに関する本などを参考に、まずエクセルで「**死後手続きリスト**」を作成した。これは手続き、届け先、締切日、担当家族、必要書類（相続人の住民票の写しなど）、備考をまとめたもので、印刷しておき、完了したらチェックを入れるようにしておいた。

その際には、できたら銀行口座やクレジットカードなどの情報、香典の情報もどんどん入力しておこう。遠くに住む家族がいたり、多忙で全員が集まれない場合はグーグルドキュメントなどを家族で共有して活用するといいだろう。

Column

孤独とうまく付き合おう

親を介護するようになってから気付いたのは、多くの高齢者が「寂しい」と孤独感を訴えることだ。そして、ストレスを抱え、ときにその解消のために相手への過剰な要求やクレームなどに発展してしまう様子を見聞きしてきた。

改めて観察してみると、孤独には、

- 一人きりである孤独
- 他者と精神的なつながりが減ったと感じる孤独
- 自尊心を傷つけられたと感じる孤独

があり、それらが混じっていることも多い。そのため家族と暮らしていても、友人がたくさんいても孤独を覚えていることもある。

発達障害の人の場合、人付き合いでよくあるのが一人だとソワソワしてしまう（ADHDの人に多い）、こだわり行動に走りがち（ASDの人に多い）といった言動だ。一見マイペースに映るが、いずれも外からの刺激に適切に対応できないために起こっている。

多くの場合、仕事や家事など他者から求められた役割を果たしているときはそちらに気をとられているので、意外と孤独を感じない。つまり、自分が受け入れられていると感じる居場所の有無が、孤独の有無と関わってくるのだ。

ただ、相手にも事情や都合がある以上、誰かがどうにかしてくれるという受け身のままでは難しい。いくつになっても素の自分で過ごせる居場所を作る努力が求められる時代になったのだと感じている。

手続き	届け先・実施場所	期　限	担当者	必要なもの	備　考	完了

法要

四十九日法要	葬儀会社					
納骨	霊園					
新盆	自宅					
一周忌法要	霊園					
三周忌法要	霊園					

相続手続き

不動産（土地・建物）	法務局			死亡届コピー、公正証書遺言		
預貯金	M銀行、ゆうちょ銀行			死亡届コピー、公正証書遺言		
株券・債権	M証券			死亡届コピー、公正証書遺言	要確認	
自動車	陸運局			死亡届コピー、公正証書遺言	要確認	
その他				死亡届コピー、公正証書遺言		
相続税の申告	税務署	10カ月以内			非該当	

手続用書類

戸籍謄本	役所		全員分			
住民票の写し	役所		全員分			
印鑑証明書	役所		全員分			

クレジットカード一覧

カード名称	発行元	電　話	備　考	残債支払い	完了
マルマート	○ビジネス	0570-000-1234	メインカード		
BCキュービックカード	Bファイナンス	03-□□□□-1111	ETC		
MDカード	○ビジネス	0570-000-1234			
△△カード	Cオフィシャルサービス	04××-△△-0000	2枚		
KYカメラカード	A銀行	0570-07-1090			

死亡後手続等リスト

手続き	届け先・実施場所	期限	担当者	必要なもの	備考	完了
14日以内						
死亡届	区役所	7日以内	葬儀会社	なし（委託済）	コピーを10部取る	
後期高齢者医療資格喪失届	区役所	14日以内	A	保険証	死亡届コピー持参	
介護保険資格喪失届	区役所	14日以内	A	介護保険証、限度額適用認定証	死亡届コピー持参	
年金受給停止手続き	年金相談センターM	10日以内	母・B	年金証書、年金手帳、受給者死亡届、未支給年金請求書	死亡届コピー持参	
遺族年金等請求	年金相談センターM		母・B	母年金手帳（年金証書）	死亡届コピー持参	
14日～1カ月前後まで						
保険金請求	O生命	2年以内	母（B）	診断書、支払請求書	保険会社に確認	
入院費支払い	S病院	今月末	B	請求書		
クレジットカード解約	カード会社	できるだけ早く	B		別紙参照	
携帯電話解約	携帯電話ショップ	できるだけ早く	母・B	携帯電話、SIMカード、死亡届コピー	端末の残債あり	
火災保険	保険会社			母に名義変更	要問い合わせ	
電気・ガス	ガス会社			母に名義変更	死亡届コピー	
水道	水道局			母に名義変更	死亡届コピー	
インターネットプロバイダ	インターネット会社			母に名義変更	死亡届コピー	
電話加入権	NTT			母に名義変更	死亡届コピー	
NHK受信料契約	NHK			母に名義変更	死亡届コピー	
新聞	新聞社			母に名義変更	要問い合わせ	
PASMO	駅の窓口			PASMO、死亡届コピー	要問い合わせ	
墓地の名義	霊園			母に名義変更	要問い合わせ	
葬祭費	役所（郵送可）	葬儀翌日から2年		申請書、申立書、領収書コピー	書類準備	
指定葬儀場使用料助成	役所（郵送可）	葬儀翌日から1年		申請書、申立書、領収書原本	書類準備	
1カ月後以降						
準確定申告	税務署	4カ月以内				
運転免許返納	警察署			運転免許証、死亡届コピー	7月に無効	
パスポート	パスポートセンター			パスポート、死亡届コピー		
ポイントカード	各会社					
マイナンバーカード	役所			マイナンバーカード	相続手続終了後	
その他会員証						

「こんなにやるのか…」（ADHDの人に多い）、「データ入力が大変……」（ディスレクシアの人に多い）となったら、平日動ける人に役所や金融関係の手続きを割り振る、グーグルドキュメントを使って得意な人にデータ入力を頼むといった作業を分担しよう。

書類の準備と手順を確認する

病院が発行してくれる死亡届は、ほとんどの場合、役所以外はコピーで済む。病院に再発行を頼むと発行手数料がかかるため、役所に提出する前に**必ずコピーを10部ほど用意しよう**（葬儀会社で代行して役所に届けてくれる場合などは事前にコピーを取っていることが多い）。

手続きの際の書類などは事前に準備しても必ず漏れはあるし、取り寄せに時間がかかることもある。実は死亡後の手続きは先方も経験が少ないため、担当者も理解していないことがよくある。実は筆者もネットや電話などで事前に必要書類などを確認して持参しても、当日窓口で追加書類の提出を求められ、うんざりしたことが何度かあった。

文句も言いたくなるだろうが（ASDの人に多い）、ちょうどそのときに持っていた他機関に提出する予定の書類で事が足りたこともあったので、書類用のファイルを用意して1つにまとめ、手続きの際は持ち歩き、足りなくなったら適宜補充するといいだろう。

「何度も役所へ行くのは面倒」と思うかもしれないが（ADHDの人に多い）、マイナンバーカードがあれば役所まで出向かなくてもコンビニなどで必要書類を取り寄せられる。運転免許証がない人は戸籍や相続手続きの際などに写真付き身分証明書を求められることもあるので、免許証を持っていない親の分も含めて早めに申請・交付を受けておこう。

自分の感情を表現する機会を作る

誰でも身内や親しかった人が亡くなった後は、一見いつも通りに振る舞っていてもふとした際に悲しみや後悔の念などネガティブな感情が込み上げてくることがある。つい、「もっとしっかりせねば」（ASDの人に多い）、となりがちだが、グリーフケアでもこの手の感情は当たり前のこととしている。

早い段階で適切な形で喪失体験に伴う感情を表に出し、自分の内面を整理することで心身の不調を未然に防げるし、自分の経験を他人に活かしてもらえる。他にも軽い運動をする、絵や音楽など創作活動に励む、ライブや旅行など非日常の空間に出向く、趣味を楽しむといった行動も有効だ。

グリーフケアとは

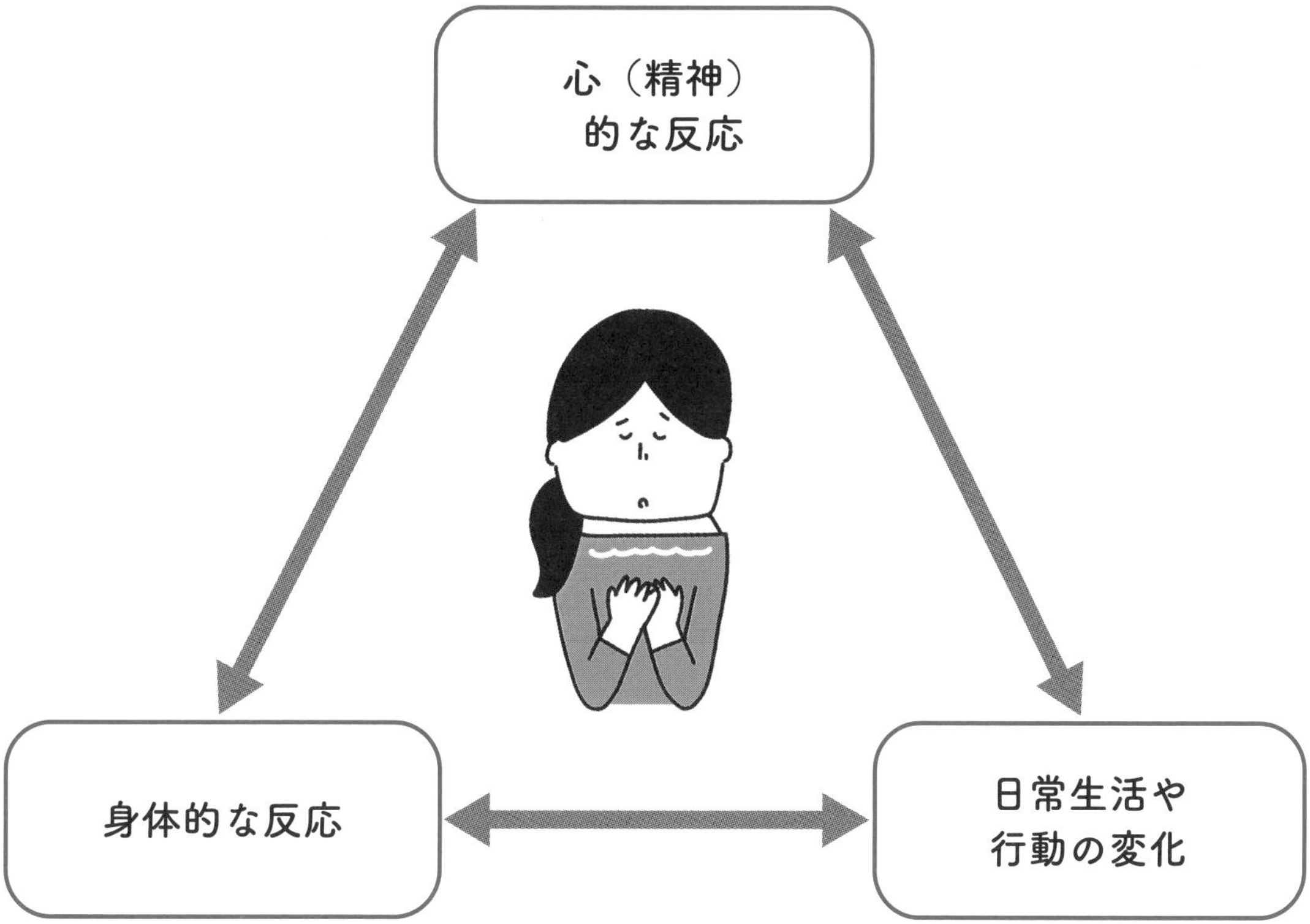

出典：日本グリーフケア協会HP
URL：https://www.grief-care.org/about.html

筆者も友人たちにちょっとした愚痴や父の生前の様子などを話す、文章に記す、介護をしている友人知人と経験を語り合う、モーニングノートなどに感情を吐き出す（110ページ参照）ことが自然とグリーフケアにつながった。

それでも心身の不調が長引いたり、感情が混乱して日常生活に支障をきたしたりするときには、かかりつけ医や自治体の窓口に相談して専門家の支援を受けよう。

ただし、発達障害の特性があると自分の内面についてうまく言語化できない（ASDの人に多い）、疲労感などに気付きにくい（ADHDの人に多い）ことがあり、日常生活に影響が出ていても見過ごしてしまう可能性もある。その場合は、109ページでも触れたように、血圧や体重といった客観的な数値の変化をチェックし、大きな変化があったら数値を見せながら医師に相談するといいだろう。

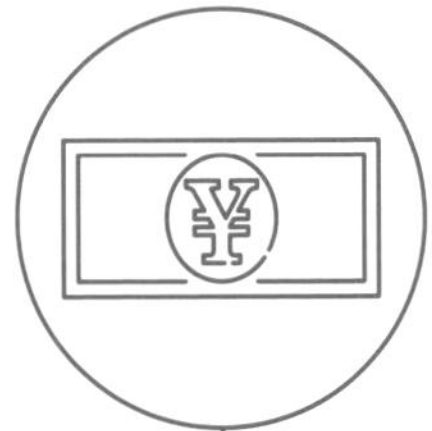

親の財産がどれだけあるかわからない

対策

- 遺言書の有無を確認する
- 書類とカード類を点検し、財産を調べる
- 借金など負債の有無を調べる

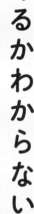

事例　財産分与の準備が難航

父の死後、入院費や葬儀費用などは皆で集まった際に領収書を整理し、香典と生前の預かり金で何とか精算できた。次に財産分与の準備をすることになって家中の書類を引っ張り出しているものの、これが予想以上に難航している。

父は株取引が趣味だったが、銀行の預金通帳を見ると、どうやら自分たちが把握していない金融関係の口座もあるようで、定期的にお金が振り込まれた形跡がある。とにかく思い当たるところに問い合わせないといけないが、考えるだけでも気が重い。

他にも車を持っていたし、ネットで調べたら不動産や借金なども調べる必要があるとのことで、思わず叫びたくなった。いったいどうすればいいのだろう。

原因　預貯金以外の財産の存在を認識していなかった

遺産相続を経験していないと見落としがちなのが**預貯金以外の財産**だ。多くの場合は預貯金や自宅などの土地建物は認識しているが、

- 自家用車や携帯電話
- 有価証券（株や債券）
- 田畑や山林などの不動産
- 骨董品や芸術品
- 会社（経営者だった場合）
- 負債（未払金や借金）

も財産に含まれる。

「うちは目ぼしい財産がないから」と思いがちだが（ADHDの人に多い）、田舎に共有名義の山を所

有していた、家族に隠れて借金をしていたといった、家族が知らない財産や負債が浮上することもある。

　自力で把握が難しいなら専門家の力も借りて調べていこう。

解決法　遺言書の有無を確認する

　遺言書といわれると「うちはそんな立派な家ではないけれど……」（ASDの人に多い）と思うかもしれないが、最近は終活が広がり、事前に作成している場合がある。筆者の父も生前、公正証書遺言書を作成したので、父の死後は遺言の内容に基づいて財産を確認し、手続きを進めることができた。

　遺言書があれば所有財産の情報が記載されているので状況を把握しやすい。また、金融機関での手続きも簡略化され、遺言執行者が指定されていれば相続人を代表して手続きができる。

　ただし、法務局の保管制度を利用していない自筆証書遺言書を見つけたら、そのまま手を付けずに家庭裁判所での検認手続きを請求する必要がある。つい開封したくなるかもしれないが（ADHDの人に多い）、過料という制裁を受けることもあるので要注意だ。

　もし今後身近な人が遺言書作成を検討中なら、**法務局の保管制度を利用する**（自筆証書遺言書）、**公正証書遺言を作る**といった検認不要な方法を伝えるといいだろう。

書類とカード類を点検し、財産を調べる

　事例では預金通帳などを点検したが、他にも**郵便物や自宅にある書類・通帳類などから取引先の金融機関を探そう**。今は通帳がない銀行口座もあるため、カード類（会員証、キャッシュカードやクレジットカード）が入っている財布やカードケース、手帳などは特に丁寧に探してみるといい。

　メールでの取引記録、スマホのアプリ、カレンダーやタオルなどの配布物から判明することも多いので、見つかった情報をエクセルやグーグルドキュメントに入力し、問い合わせた結果も一緒に記載していこう。

　換金性が高いもの（骨董品や芸術

親の財産を調べる際の参照先

預金通帳

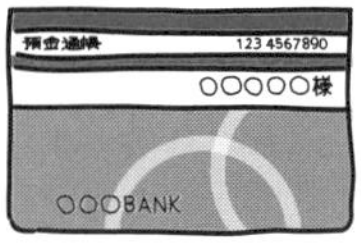

郵便物

財布・カードケース

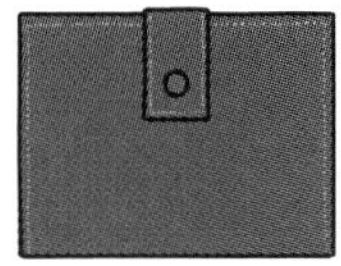

手帳

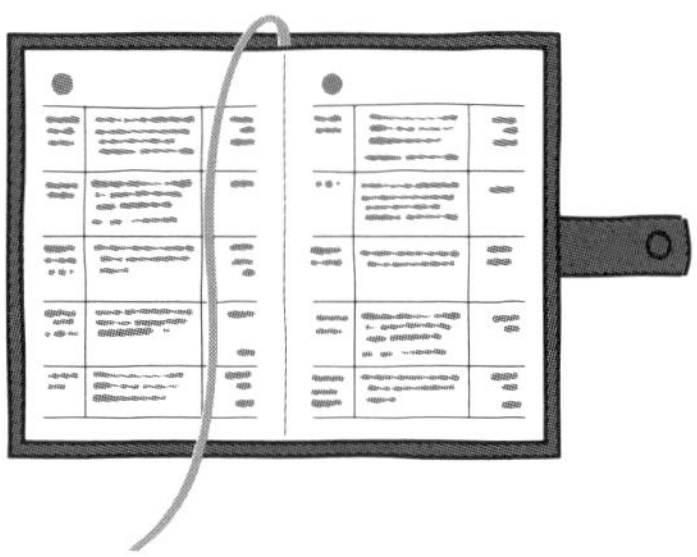

メールの取引記録

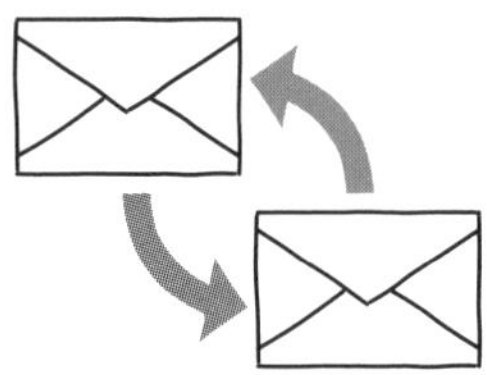

スマホのアプリ

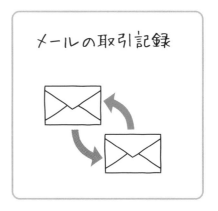

カレンダーやタオルなどの
配布物

品など）はできたらリストを作成してから複数の買取業者に相見積もりを取り、他の相続人たちにも確認や相談ができるようにまとめておこう。

今はメールやチャットなどからでも問い合わせが可能だが、死亡した場合の手続きは大半が郵送、対面、電話になるため、「電話が苦手」（ASDの人に多い）、「郵送手続きが苦痛」（ADHDやディスレクシアの人に多い）な場合はウェブサイトなどで事前に手続きを確認する、兄弟や親戚と分担する、相続に詳しい専門家に手続きを代行してもらうといいだろう。

借金など負債の有無を調べる

故人の財産を調べていくと思いがけない負債が見つかることがある。筆者も父の死後、クレジットカードの未払金や携帯電話の残債などが判明し、遺言執行者だった母の意向に沿って代金を支払い、名義変更などを行った。

他にも、

- 公共料金（電気、水道、ガス、NHK、インターネットなど）や税金
- 未払いの家賃や修繕費など

は見落としがちなので引き落とし通知や請求書などがないかよく確認しよう。

ただし、

- 故人名義で多額の借金がある
- 故人が自宅を担保に経営していた会社の運転資金を借りていた
- 田畑や山林など住居以外の不動産がある

といった場合は、まず自力では解決できない。

途方に暮れて先延ばししたくもなるが（ADHDの人に多い）、放置したらさらに面倒なことになる。特に相続放棄は家庭裁判所への申立期限が相続開始を知ってから3カ月以内のため、判明した時点で次節でも紹介するように司法書士や税理士、弁護士といった**専門家に助けを求めよう**。

故人が保証人・連帯保証人になっている場合はさらに注意が必要で、状況によっては遺された家族が想定外の負担を強いられることもあり得る。

「なんて理不尽なんだ！」（ASDの人に多い）と憤りを感じるかもしれないが、とにかく冷静に専門家に協力を仰ぎ、現実的な解決策を探ることが最優先だ。

この手の話は隠したくなる心理が働きがちだが（ADHDの人に多い）、むしろ適度に情報開示するほうがいい結果につながる。後に禍根を残さないためにも手を動かしていこう。

カード残高、公共料金等未払分

カード会社・電話会社	種類	残高	連絡先	手続き方法	備考
Aカード	カード				
Bカード					
C通信	携帯電話				
電気					
ガス					
水道					
固定電話					
インターネット					
新聞					

骨董品・宝石・着物など

名前	種類	購入価格	連絡先	手続き方法	備考
静物画	リトグラフ	200000	○○画廊	メール	
○○の女	デッサン	150000			
ダイヤモンドリング	宝石	200000	△□宝石	持ち込み	
サファイアネックレス	宝石	50000			
トルコ石ネックレス	半貴石	30000			
キャッツアイペンダント	半貴石	おみやげ			
色留袖	着物	母のもの	着物□□	電話	
喪服セット	着物	母のもの			夏・冬セット
訪問着1	着物	母のもの			
大島紬	着物	母のもの			
帯1	着物	母のもの			シミあり
帯2	着物	母のもの			
振り袖一式	着物	母のもの		長襦袢も	

財産リスト記入例

預貯金

銀行・信用金庫名	種類	残高	手続き	備考
A銀行	普通	2000000	ウェブサイト	メイン口座
B信用金庫	普通	10000	支店に電話	貯金箱で判明
B信用金庫	定期	50000		問い合わせで判明
合計		2060000		

証券会社

会社名	種類	残高		備考
Dネット証券	普通	8000000	ウェブサイト	メインの証券会社
E証券	普通	100000	コールセンター	貯金箱で判明
合計		8100000		

有価証券

証券名	種類	残高	手続き	備考
国債	変動10	2000000	Dネット証券と一緒に	Dネットの口座
ETF	TOPIX連動型	3000000	Dネット証券と一緒に	Dネットの口座
合計		5000000		

不動産

住所	種類	評価額	登記状況	備考
自宅	土地	3500000	父	
自宅	建物	0	父	
○○県××市	駐車場	3000000	父と叔父	叔父の遺族と要話し合い
合計		6500000		

相続手続きの困りごとって誰に相談すればいいの？

対策

- どの専門家に相談するか目星を付ける
- 信頼できる専門家を探す

事例

家族が知らなかった不動産が見つかった

父の死後、相続手続きに追われているが、まず相続に最低限必要な書類をそろえるだけでも大変で、この時点でもう息切れしそうだ。

幸い自分の家族以外の相続人や多額の借金はなかったが、家族も知らなかった不動産が見つかり、家族みんなで困惑している。

少し調べてみたところ遺言書がない場合、不動産や預貯金の財産分与のためには遺産分割協議書が必要らしい。

専門家の意見を聞きながら手続きをしたいが、調べてもよくわからず、誰にどのように相談を持ちかけたらいいか見当が付かない。

原因

問題を整理できず、結果、適切な専門家がわからなかった

体験してみるとわかるが、相続手続きは自力ですべて行うにはかなり負担が大きい。ある程度費用がかかっても専門家に依頼するほうが結局効率的だ。特に締切がある手続き（相続放棄など）をする場合は一刻も早く専門家へ相談しよう。

また、遺産分割協議の際、遺族間の感情がからむとトラブルになりやすく、こじれると調停や裁判へと発展することがある。「うちは争うほど財産はないから」と思いがちだが（ADHDの人に多い）、遺産争いは財産が少なくても十分起こりうる。特に親の遺産の大半が不動産で預貯金が少ないケースは要注意だ。

特に**書類作業が苦手**（ADHDや

ディスレクシアの人に多い）、**話し合いが苦手**（ASDの人に多い）、**親の遺言などに不満がある**（ASDの人に多い）といった場合は信頼できる専門家を探して対応してもらおう。

解決法　どの専門家に相談するか目星を付ける

ネットなどで相続手続きを調べるとさまざまな専門家の名前や意見が出てきて混乱するかもしれない（ADHDの人に多い）。

そのため、まず**自分たちで相談すべき相手を見極める**必要がある。

たとえば、

- 故人が所有していた不動産がある→司法書士
- 遺産分割協議が難航しそう→弁護士
- 相続税を払う可能性が高い→税理士

といった具合になる。

筆者の場合、父が不動産を所有していたこと、公正証書遺言の内容を相続人全員が了承したこと、多額の負債などはなかったことから司法書士に依頼すればいいと判断した。当時は相続手続きと並行して母のサービス付き高齢者向け住宅からの転居の準備もしていたため、手続きが重なる書類集めは自力で行い、不動産の登記手続きだけ司法書士に依頼した。

書類集めから依頼したい（ADHDやディスレクシアの人に多い）、対面や電話が苦手なのでメールやSNSで相談したい（ASDの人に多い）といった要望があれば、それに対応した事務所を探そう。

「うちは複数の項目に該当するけれど……」という場合は、

- 相談しやすい、もしくは締切が迫っている手続きの専門家へ相談し、そこから他の専門家を紹介してもらう
- 複数の専門家がいる事務所や信託銀行のサービスなどを利用する
- 自治体や法テラスの相談窓口を利用する

という選択肢もある。

費用を抑えたい（ASDの人に多い）場合は、筆者のように必要最低限の手続きだけ依頼する、費用を一度に払えない（ADHDの人に多い）場合は法テラスに費用の相談をする、という選択肢もある。

お金がない、時間がない、と諦めずに解決策を検討しよう。

信頼できる専門家を探す

「相談すべき専門家はわかったけれど、どう探せばいいの？」（ASDの人に多い）という場合、

相続について各士業が対応できる業務内容

	弁護士	司法書士	税理士	行政書士
法定相続人調査（戸籍謄本等の収集）	○	○	○	○
相続財産調査（残高証明書等の収集）	○	○	○	○
相続放棄の申立て	○	△※3	×	×
遺言検認の申立て	○	△※3	×	×
遺産分割協議書の作成	○	△※4	△※4	△※4
相続税の申告	△※1	×	○	×
不動産の名義変更（相続登記）	△※2	○	×	×
預貯金の解約払戻し	○	○	△	○
有価証券の名義変更	○	○	△	○
自動車の名義変更	×	×	×	○
相続人間の紛争解決	○	△※5	×	×

※1　国税局長に税理士業務を行う旨の通知をした弁護士は可能
※2　司法書士に任せるケースが多い
※3　代理申請はできない
※4　事実によって異なる。遺産分割協議での代理交渉や、その交渉をまとめた遺産分割協議書の作成は、弁護士のみ可能
※5　認定司法書士に限り、140万円以下の遺留分侵害請求に関する対応等は可能

- 葬儀社やケアマネジャー、友人知人などのつてを頼る
- 地元の法テラスに問い合わせる（自治体名＋法テラスで検索）
- 利用している保険会社や銀行などの相続代行サービスを利用する（会社や銀行名＋相続で検索）
- 本や新聞記事などに掲載された人に問い合わせる
- ネットの検索サービスを利用する

といった方法がある。筆者は葬儀社と提携している司法書士を利用した。先方からも筆者の状況に合う提案をもらえ、費用も相場の範囲内だったので満足している。

「相続会議」など相続に関するポータルサイトも最近は充実しているので詳細な条件に合う人を見つけたり、費用の相場や情報を集めたりする際の参考にするといいだろう。

信頼できる専門家を探すために

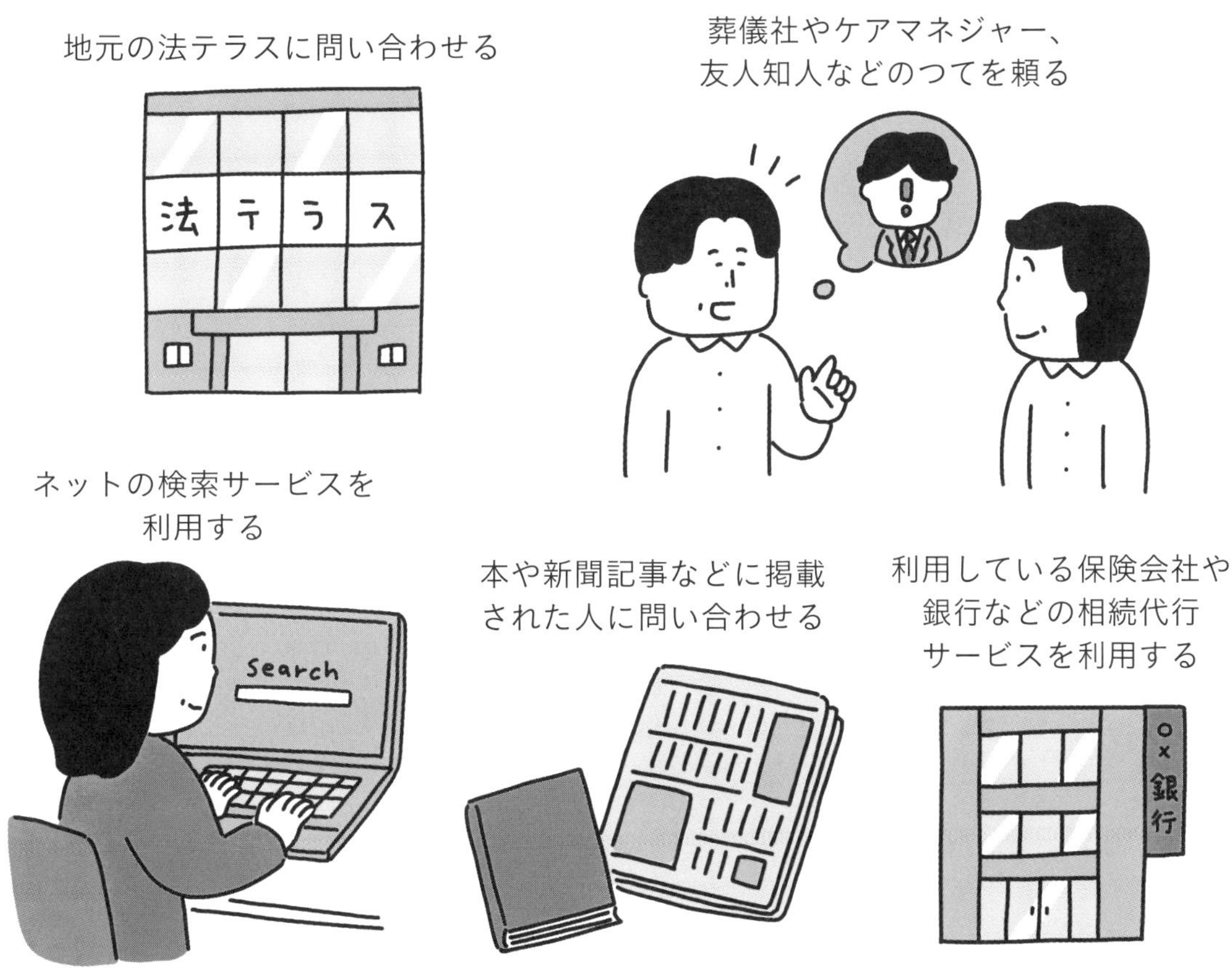
地元の法テラスに問い合わせる
法テラス
葬儀社やケアマネジャー、友人知人などのつてを頼る
ネットの検索サービスを利用する
Search
本や新聞記事などに掲載された人に問い合わせる
利用している保険会社や銀行などの相続代行サービスを利用する
○×銀行

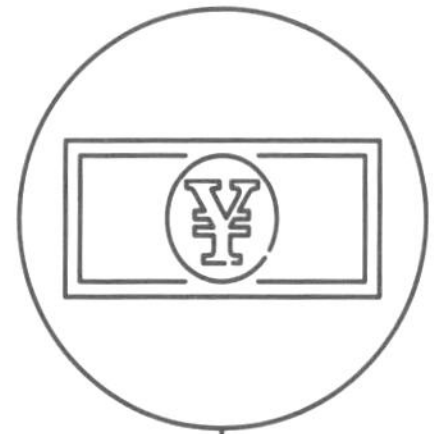

遺品整理が進まない

対策

- 締切と保管する量を決める
- 一緒に遺品整理をしてくれる人を見つける

事例　ものはものとわかってはいるけれど……

親の死後、家族で話し合った結果、実家を売却することになった。不動産屋に見てもらったら、「まず家具などを全部片付けてください」と言われてしまった。

そこで兄弟たちと集まって形見分けとして趣味のものや着物などを整理したが、全員が「いらない」となったものも多く、家具や家電類はもちろん日用品なども膨大な量が残ってしまった。

早く片付けないと光熱費や固定資産税などの費用がかさむ、と頭ではわかっているものの、親の遺品を見ると当時のことを懐かしく思い出すし、何よりまだ使えるものを捨てるのがもったいない気持ちになってしまう。

他の親族たちは「ものはものだよ」とあっけらかんと遺品整理業者に見積もりなどを依頼しているが、どうも自分はものに対して執着が強いのか、なかなか気持ちを切り替えられない。

早く実家を売却して相続手続きを終わらせるためにも遺品整理と片付けを進めなければいけないと頭では理解しているが、手が動かず途方に暮れてしまった。

原因　ものへの執着と片付けの面倒くささが重なって動けなくなっている

第2章の「とにかく親の家にはものが多い」でも触れたように、親の家は荷物が多く、いざ整理しようと中に入ると、まずその量に圧倒されてしまうことがほとんどだ。

これに**片付けが苦手**（ADHDの人が多い）、**ものへのこだわりが強い**（ASDの人に多い）といった発達障害の人に多い特性が加わると遺品整理に嫌気が差して手を付けられず、結局先延ばしになってしまいがちだ。

さらに、親の家の場合、ものだけでなく建物自体も老朽化していることも多く、それがさらに面倒くささに拍車をかけることになる。遺品整理は自宅の片付けより難易度が高いといえよう。

しかし、先延ばししても問題が深刻化するだけなので、どこかで気持ちに区切りを付けて行動する必要がある。

最近は空き家に対して税金なども厳しくなる傾向があるので、諸事情で親の家を所有し続ける場合でも何らかの活用法を探っていこう。

解決法 締切と保管する量を決める

実家が賃貸住宅だと退去する期限が設けられるし、家賃ももったいないと感じるから、嫌でも片付けざるを得ないという事情がある。しかし、持ち家だと固定資産税や水道光熱費は家賃ほどではないから、「このくらいなら」と何となく払ってしまいがちだ（ADHDの人に多い）。

しかし、それが5年、10年と年月が経てば、総額だと100万円単位の出費となるし、住み手がいないと建物も傷み始める。やはり三回忌まで、といった**期限を設けて片付けに取り組む**といいだろう。

筆者は父の死去の直後に新型コロナウイルスの感染が拡大して時間ができたことに加え、母のサービス付き高齢者向け住宅への転居話が持ち上がったこと、母が「できるだけ自分で要不要の判断をしたい」と希望したこともあり、3カ月ほどで母と一緒に父の遺品のうち9割近くを片付けた。かなりのハイペースだったから母は大変だったとは思うが、本人も「あのとき思い切ってやったからできた」と振り返っていたし、母自身の生前整理にもなった。

また、つい「いつか使うかもしれない」と悩んだり（ASDの人に

多い）、「あれもこれも」と取っておいたりしがち（ADHDの人に多い）だが、事例にもあるように、本当に欲しいものは最初に思いつくことが多い。

何となく欲しいと思う場合は目に飛び込んだ刺激への反応（ASDの人に多い）や判断の先延ばし（ADHDの人に多い）といった理由が多く、少ししてから見直すと「やっぱりいらない」となりがちだ。

自宅の収納を圧迫しないよう、**自分が把握できる量だけ**（たとえば段ボール1箱分）にする、**定期的に見直して踏ん切りがついたら処分する**といったルールを設け、不要品が滞留しないよう心がけよう。

一緒に遺品整理をしてくれる人を見つける

整理整頓が苦手な人が一人で遺品整理をすると行き詰まりやすい。特に頭でグルグル考えて決断できない（ADHDの人に多い）、理想以外受け入れにくい（ASDの人に多い）場合は手が止まってしまい、あっという間に1日が終わって徒労感だけが残り、モチベーションがどんどん低下していく。

そんなときは**片付けに慣れている人や相談しやすい人と一緒に作業する**と、

- 効率的な段取りを提案してくれる
- 自分が決断する際の背中を押してくれる
- 人数が増えてスピードが上がり、成果が出やすい

といったメリットが得られる。

家族や友人知人にそんな人がいれば協力を仰ぎ（もちろん謝礼や食事などを出す）、人海戦術で作業を進められれば業者に頼むよりも費用も抑えられる。

しかし、周囲に頼める人がいない、もしくはスケジュールが合わないなら専門業者に依頼するといいだろう。

事例でも兄弟が業者に見積もりを出しているが、単にものを処分するだけでなく、依頼者の心情に即して判断を促してくれるところもある。費用や時間といった条件以外にも、自分がどんな人と遺品整理をすると気持ちに区切りが付けられるだろうか、という視点も取り入れてみよう。

最近は、著名人が自身の遺品整理や実家じまい体験をネットや著書などで発表しており、具体的な作業内容や費用を挙げている。

やることの多さに音を上げそうになるかもしれない（ADHDの人に多い）が、先を行く人からのアドバイスで感傷から目覚めることもある。参考になることも多いので、「遺品整理　実例」などで検索し、自分に近い人の体験談を読んでみよう。

おわりに

この本は「父を見送った後は母の介護と終活に追われています」と近況報告のメールを本書の編集担当の長谷川和俊さんに送ったことがきっかけでした。読者の中には介護について切羽詰まった状況の方もいる一方で、「介護なんてまだ先の話だけど……」と思いつつ手に取った方もいるかもしれません。

私の夫も発達障害ならではの特性もあってか、自分の両親が90歳を過ぎてものんびり構えていましたが、最近は親の様子を見に以前より実家へ帰るようになり、ようやく「由美とお義母さんが言っていたことはこういうことなのか」と実感しているようです。この本は、半分くらいはそんなのんきな夫に向けて書いたものでもあります。

発達障害の特性があっても見通しがあれば対応できることも多いし、トラブルが起きても「あ、これは本に書いてあるあのことだ！」とわかれば冷静になり、適切な判断をしやすくなります。完全に一致していなくてもヒントになることは必ずありますので、介護のガイドブックのように活用してもらえれば幸いです。

私にとって親の介護と相続手続きは自分の老後や人生における価値観について見直す経験でもありました。豊かな老後を送るためには生活スキル（ライフスキル）と同時に先を見据えたマネープラン、そして多様な人とのつながりが鍵になります。今の社会では経済的な利益や効率を求めがちですが、人間はそれだけでは生きられない、もっと豊かで複雑なものだ、というのが介護を通して実感したことです。

今回も長谷川さんには最初の読者として、また冷静にフィードバックする編集者として伴走していただきました。ありがとうございます。久々の執筆作業は難航することもありましたが、何とか完走できてホッとしています。

この本を書くに当たっては母と夫にもおおいに助けてもらいました。母からは介護者のときと被介護者のときの感じ方の違いについて、夫には介護を実感しきれない感覚や感情を教えてもらいました。

最後にこの本が介護で悩む発達障害当事者の支えになり、少しでも本人も家族も快適に暮らせる手助けとなることを願っています。

２０２４年４月　村上由美

本書内容に関するお問い合わせについて

このたびは翔泳社の書籍をお買い上げいただき、誠にありがとうございます。弊社では、読者の皆様からのお問い合わせに適切に対応させていただくため、以下のガイドラインへのご協力をお願い致しております。下記項目をお読みいただき、手順に従ってお問い合わせください。

●ご質問される前に

弊社 Web サイトの「正誤表」をご参照ください。これまでに判明した正誤や追加情報を掲載しています。

正誤表　https://www.shoeisha.co.jp/book/errata/

●ご質問方法

弊社 Web サイトの「書籍に関するお問い合わせ」をご利用ください。

書籍に関するお問い合わせ　https://www.shoeisha.co.jp/book/qa/

インターネットをご利用でない場合は、FAX または郵便にて、下記“翔泳社 愛読者サービスセンター”までお問い合わせください。電話でのご質問は、お受けしておりません。

●郵便物送付先および FAX 番号

送付先住所　〒160-0006　東京都新宿区舟町 5
FAX 番号　03-5362-3818
宛先　(株)翔泳社 愛読者サービスセンター

●回答について

回答は、ご質問いただいた手段によってご返事申し上げます。ご質問の内容によっては、回答に数日ないしはそれ以上の期間を要する場合があります。

●ご質問に際してのご注意

本書の対象を超えるもの、記述個所を特定されないもの、また読者固有の環境に起因するご質問等にはお答えできませんので、予めご了承ください。

※本書に記載されている情報は、2024 年 3 月執筆時点のものです。
※本書に記載された商品やサービスの内容や価格、URL 等は変更される場合があります。
※本書の出版にあたっては正確な記述につとめましたが、著者や出版社などのいずれも、本書の内容に対してなんらかの保証をするものではなく、内容やサンプルに基づくいかなる運用結果に関してもいっさいの責任を負いません。

[著者プロフィール]
村上 由美（むらかみ ゆみ）
上智大学文学部心理学科、国立身体障害者リハビリテーションセンター（現・国立障害者リハビリテーションセンター）学院　聴能言語専門職員養成課程卒業。
重症心身障害児施設や自治体などで発達障害児、肢体不自由児の言語聴覚療法や発達相談業務に従事。現在は、自治体の発育・発達相談業務のほか、音訳研修や発達障害関係の原稿執筆、講演などを行う。
著書に『ちょっとしたことでうまくいく　発達障害の人が上手に暮らすための本』『ちょっとしたことでうまくいく　発達障害の人が上手にお金と付き合うための本』（以上、翔泳社）、『声と話し方のトレーニング』（平凡社新書）、『アスペルガーの館』（講談社）、『ことばの発達が気になる子どもの相談室』（明石書店）、『発達障害の人の「片づけスキル」を伸ばす本』（講談社）、『発達障害の女性のための人づきあいの「困った！」を解消できる本』（PHP研究所）がある。

装　丁・本文デザイン　小口翔平＋神田つぐみ（tobufune）
イラスト　高村あゆみ
本文DTP・図版　一企画

ちょっとしたことでうまくいく
発達障害の人が上手に親の介護をするための本

2024年4月15日　初版第1刷発行

著　者　村上 由美（むらかみ・ゆみ）
発行人　佐々木 幹夫
発行所　株式会社 翔泳社（https://www.shoeisha.co.jp）
印刷・製本　株式会社 ワコー

本書へのお問い合わせについては、143ページに記載の内容をお読みください。

ISBN978-4-7981-8304-6　Printed in Japan